Hildegard von Bingen

Einfach kochen 2

Brigitte Pregenzer
Brigitte Schmidle

Hildegard von Bingen
Einfach kochen 2

250 neue gesunde Rezepte
mit Fotos von Norbert Ellensohn und Thomas Schmidle
und Zeichnungen von Sophia Pregenzer

Tyrolia-Verlag · Innsbruck-Wien

Bibliografische Information Der Deutschen Nationalbibliothek
Die Deutsche Nationalbibliothek verzeichnet diese Publikation in der Deutschen Nationalbibliografie; detaillierte bibliografische Daten sind im Internet über http://dnb.d-nb.de abrufbar.

Umschlaggestaltung: Tyrolia-Verlag unter Verwendung eines Fotos von Norbert Ellensohn
Layout und digitale Gestaltung: Tyrolia-Verlag
Lithografie: digi-service, Innsbruck
Druck und Bindung: Athesia-Tyrolia Druck, Innsbruck
ISBN 978-3-7022-3154-5
E-Mail: buchverlag@tyrolia.at
Internet: www.tyrolia-verlag.at

Inhalt

Hildegard-Homepage:
http://vorarlberg.orf.at
www.pregenzer.info

Zu diesem Buch

Im Herbst 1996 hat Radio Vorarlberg zum ersten Mal einen Beitrag zur Hildegard-Küche gesendet. 15 Jahre später sieht die Bilanz so aus: Mehr als 800 Sendungen, alle gestaltet von Brigitte Schmidle, zehntausende Abrufe der Rezepte von Brigitte Pregenzer auf unserer Homepage und insgesamt sechs Hildegard-Bücher, darunter das nunmehr zweite Hildegard-Kochbuch von Brigitte Pregenzer und Brigitte Schmidle.

Wir von Radio Vorarlberg waren zwar von Anfang an von der Wichtigkeit dieses Themas überzeugt, dass das Interesse aber 15 Jahre lang nicht nur anhalten sollte, sondern sogar sich laufend gesteigert hat, war in keiner Weise vorhersehbar. Das Internet hat wesentlich dazu beigetragen, dass nicht nur die an jedem Dienstag ausgestrahlten Beiträge weltweit nachgehört werden, sondern dass sich Fans aus aller Welt – und das ist keine Übertreibung – Woche für Woche die neuesten Tipps herunterladen.

Zum Erfolg der Serie hat sicher beigetragen, dass Hildegard-Expertin Brigitte Pregenzer bei allen Rezepten darauf Wert legt, dass sie leicht sind und den modernen Erfordernissen entsprechen. Zudem bieten die Rezepte durch die typischen Hildegard-Gewürze einen geschmacklich interessanten Bogen, der sich von der mediterranen über die arabische bis zur asiatischen Küche spannt.

Ich darf auch diesem Buch jenen Erfolg wünschen, den Brigitte Schmidle mit ihren Radio-Beiträgen seit 15 Jahren hat.

Wolfgang Burtscher
ORF-Landesdirektor

Hinweis

Alle Speisen und Gerichte, die für dieses Kochbuch fotografiert wurden, hat Brigitte Pregenzer liebevoll zubereitet, mit Freude in Szene gesetzt, und sie wurden auch alle nach getaner Arbeit genüsslich verspeist.

„Die Erquickung durch Speisen und Getränke führt die Seele auch ins Innere des Menschen hinein.“

(Hildegard von Bingen)

Wir kochen gerne

Wir kochen wirklich gerne! Es bereitet uns jeden Tag Freude, unsere Lebensmittel sorgfältig auszuwählen und unsere Mahlzeiten selbst zuzubereiten, und das aus vielerlei Gründen. Der wichtigste ist wohl unsere Überzeugung, dass alles, was wir mit Freude und vor allem mit Liebe kochen, ganz besonders gut schmeckt. Alles fließt in die Speisen mit ein: die Qualität und die Wirkstoffe der Produkte genauso wie die Art der Herstellung und die Einstellung bzw. die Liebe der jeweiligen Köchin und des Koches während der Zubereitung. Zudem sind Nahrungsmittel unsere Energielieferanten. Sie sind maßgeblich für unsere körperliche Fitness, unsere geistige Frische und unsere gute Laune zuständig. Und natürlich kochen wir auch deshalb gerne, weil wir gerne essen! Und damit auch andere in den Genuss unserer Vorlieben und Erfahrungen kommen, haben wir dieses Kochbuch geschrieben.

Da Rezepte im Prinzip kaum mehr neu erfunden werden können, möchten wir gleich an dieser Stelle den vielen Köchinnen und Köchen danken, deren Rezepte uns in all den Jahren als Inspiration für eigene Zusammenstellungen und Gerichte gedient haben. Wir haben unsere kulinarischen Präferenzen und unsere Begeisterung am Zusammenstellen und Zubereiten der Speisen in dieses Kochbuch einfließen lassen und hoffen, dass dies beim Nachkochen und Genießen entsprechend spür- und erlebbar wird. Alle vorliegenden Rezepte sollen daher auch Ihnen als Anregung dienen, um daraus Ihr ganz persönliches Gericht zu zaubern. Da die angegebenen Mengen jeweils unseren Erfahrungen und Geschmacksvorlieben entsprechen, kann es durchaus sein, dass in Ihrer Küche aus den angegebenen 300 Gramm 330 Gramm werden, denn das Maß in der Küche soll immer ein eigenes Maß sein, das sich nach und nach entwickelt. Experimentieren Sie also mit den Rezepten und erweitern Sie diese nach Ihrem Gutdünken. Die Hauptsache ist immer, dass es Ihnen Freude bereitet und schmeckt.

Halten Sie in diesem Kochbuch auch eigene Bemerkungen, Anregungen und Erfahrungen fest und lassen Sie so aus „unserem“ Kochbuch „Ihres“ werden. Teigspritzer und Fettflecken sorgen im Laufe der Zeit für die nötige „Veredelung“, für eine entsprechende „Patina“, zeugen sie doch von einem regen Einsatz und Gebrauch des Buches.

„Einfach kochen 2“ ist der logische Nachfolger von „Einfach kochen“, das mit über 40.000 verkauften Exemplaren seit 2002 Einzug in viele Küchen gehalten hat. Begeisterte Köchinnen und Köche drängen seither auf eine Fortsetzung mit weiteren köstlichen Gerichten. Und hier sind sie nun, 250 neue, gesunde Rezepte nach Hildegard mit dem bewährten Fokus auf regionale und saisonale Produkte und in der bewährten Art der Darstellung. Alle Rezepte dieses Kochbuchs sind neu, bis auf wenige Klassiker wie z. B. Nervenkekse oder Ysophuhn.

„Einfach kochen 2“ setzt den ersten Band nicht voraus, auch Einsteiger in die Hildegard-Küche finden in diesem Kochbuch alle notwendigen Informationen und Hilfestellungen.

Wir hoffen, dass „Einfach kochen 2“ einen festen Platz in Ihrer Küche bekommt und Ihnen immer wieder als hilfreicher Begleiter zur Seite stehen darf. Und wir wünschen Ihnen in jedem Fall viel Freude beim Zubereiten Ihrer Speisen, stets gutes Gelingen und viele genussvolle Mahlzeiten!

Brigitte Pregenzer und Brigitte Schmidle

Kleine Helfer mit großer Wirkung

Folgende Küchengeräte leisten wertvolle Hilfe, denn sie sparen Zeit und vergrößern den Spaß beim Kochen:

Apfelzerteiler

Dieser Küchenhelfer entfernt ganz schnell den Butzen und zerteilt den Apfel zugleich in mundgerechte Portionen.

Flacher Rührbesen

Mit ihm lässt sich das Kochgut problemlos vom Topfboden lösen und somit das Anbrennen verhindern.

Kleiner Rührbesen

Er kommt in alle Topf- und Schüsselrundungen und ist besonders wertvoll, wenn kleine Mengen in kleinen Gefäßen zu rühren sind. Auch dünnflüssige Teige lassen sich mit ihm gut mischen.

Schaumkelle

Mit ihr entfernt man den sich bildenden Schaum bei Marmeladen und Suppen. Auch blanchiertes Gemüse oder Knödel lassen sich mit der Schaumkelle gut aus dem Wasser heben.

Sparschäler

Mit seiner Hilfe lassen sich Gemüse und Obst schnell und sparsam schälen. Zudem erhält man durch ihn feinste Scheibchen und Streifen als Dekoration.

Sprühflasche

Wer öfter Brot bäckt, spart sich Zeit, indem er das Brot einsprüht statt einpinselt.

Stricknadel

Sie gehört in die Besteckschublade, damit sie für den Stricknadeltest beim Kuchenbacken sofort zur Hand ist.

Trichter mit Sieb

Das Sieb verhindert, dass Rückstände in die Flaschen oder Gläser gelangen.

Trichter mit extra großem Ausguss

Wer Marmeladen und Eingelegtes selber macht, spart sich beim Einfüllen und beim Saubermachen durch den großen Trichter viel Zeit.

Zestenschneider

Dieser kleine Helfer bringt Schalen von Zitrusfrüchten richtig in Form und verhilft zu feinen Streifen. Diese wiederum lassen sich gut klein schneiden. So können auch ältere Zitrusfrüchte noch bestens verwertet werden.

Zitronenspirale

Die Spirale steckt man in eine Zitrone bzw. Orange und erhält so jene Menge Saft, die man benötigt. Die Frucht trocknet so nicht aus.

Ernährung nach Hildegard von Bingen

Subtilität, Discretio und Seele

In der Hildegard-Ernährungslehre werden die einzelnen Lebensmittel nicht nach Vitaminen, Mineralien oder Spurenelementen aufgelistet, sondern sie werden gemäß ihrer **Subtilität** beschrieben, das heißt gemäß ihrer ganz speziellen feinstofflichen Wirkung. Alles was auf diesem Planeten vorhanden ist, wirkt in einer ganz spezifischen Weise auf uns. Hildegard nimmt mit dem Begriff der „Subtilität" schon im 12. Jahrhundert etwas vorweg, was in der modernen Ernährungslehre mit Begriffen wie „Bioverfügbarkeit" oder „Lichtspeicherfähigkeit" zu fassen versucht wird.
Gerade im Bereich der Ernährung geht es immer wieder darum, bewusst auszuwählen, was wir essen, wie wir Körper, Seele und Geist nähren, denn diese drei Ebenen sind unmittelbar miteinander verbunden und bedingen einander. Was unserem Körper guttut, stärkt auch unsere Seele und fördert gleichzeitig unseren Geist. Nur wenn alle drei Ebenen gut miteinander harmonieren, sind bzw. bleiben wir gesund. Körperliches Wohlbefinden drückt sich durch Schwung und Elan aus und regt zugleich unsere Lebensfreude und unseren Humor an.

Subtilität ist gut spürbar, wenn man bereit ist, sich wieder auf sich selbst zu verlassen und seinen Gefühlen und seinem Wohlbefinden zu vertrauen.

Es ist also nicht egal, was wir essen. Der Mensch ist, was er isst! Es ist von allergrößter Bedeutung, wieder ein besonderes Augenmerk auf die Ernährung zu legen. Am besten wählen wir Bio-Produkte aus unserer Region, denn so werden die Lebensmittel zu Heilmitteln.

Ebenso bedeutsam wie die Subtiliät ist die **Discretio**, das rechte Maß, das der Hildegard-Lehre im Allgemeinen und der Hildegard-Ernährungslehre im Speziellen zugrunde liegt. Dabei geht es immer darum, das eigene rechte Maß zu finden. Beim Essen bezieht sich dies sowohl auf die Menge der Speisen, die Abwechslung im Nahrungsangebot als auch auf die Anzahl der Nahrungskomponenten in einer Mahlzeit. Eine Portion einer bestimmten Gemüsesorte ist leichter verdaulich als dieselbe Menge von drei verschiedenen Gemüsesorten. Eine gesunde, maßvolle Abwechslung trägt zum Wohlbefinden genauso bei wie eine einfache und liebevoll zubereitete Speise. Natürlich darf auch ein genussvolles Schlemmen immer wieder einmal sein, im Sinne der Discretio muss dem jedoch ein bewusstes Reduzieren durch so genannte Entlastungstage folgen. Wenn das rechte Maß im Auge behalten wird, wenn wir immer wieder für Ausgleich sorgen, dann wirkt sich das entsprechend auf unser Wohlbefinden und unsere Lebensfreude aus. Eine Mahlzeit im rechten Maß stärkt und sorgt für Tatendrang. Wer nach dem Essen nur müde und niedergeschlagen ist, hat das rechte Maß verfehlt.

Ein weiterer wichtiger und zugleich faszinierender Aspekt der Hildegard-Ernährungslehre ist der Bezug zur **Seele** des Menschen. Der Zusammenhang von Nahrung und ihren seelischen Auswirkungen wird in neuen Studien auf beeindruckende Weise bestätigt. So erhielten verhaltensauffällige, aggressive Jugendliche einige Wochen lang ganz gezielt eine gesunde Kost serviert, verbunden mit der Auflage, während dieser Zeit auf Fastfood und Softdrinks zu verzichten. Schon bald zeigten alle ein friedvolleres Verhalten, auch ihre Stimmung verbesserte sich deutlich, sie wurden fröhlicher. Als nach Ende der Studie wieder zu Fastfood gegriffen wurde, flammte innerhalb kürzester Zeit die Aggressionsbereitschaft wieder auf. Die Ernährung hat also auch auf unser seelisch-geistiges Wohlbefinden einen offensichtlichen Einfluss.

Wie ernähre ich mich richtig?

Diese Frage muss immer wieder überdacht und individuell beantwortet werden, denn mit ihr hängt auch die Frage „Wie übernehme ich meinen Teil der Verantwortung?" zusammen. Wir alle beeinflussen mit unserem Ess- und Einkaufsverhalten Mechanismen, die weit greifende Folgen haben.

Wir können Verantwortung nicht an Supermärkte delegieren und gedankenlos einkaufen, was sie uns anbieten. Wir müssen uns bewusst sein, dass wir mit unserem Kaufverhalten eine Nachfrage steuern, die in anderen Kontinenten Auswirkungen hat.

Kaufen Sie regional ein, wählen Sie Produkte der Saison und achten Sie auf Qualität. Damit haben Sie den Grundstein für Ihre Gesundheit gelegt. Wenn es möglich ist, statten Sie Ihrem Lebensmittelproduzenten einen Besuch ab und informieren Sie sich so an Ort und Stelle über die Gegebenheiten. Das bietet Einblick in die Grundhaltung des Erzeugers und Sie erhalten auch sonst viele Informationen und Impulse, die Ihnen zu Klarheit verhelfen und Sicherheit schaffen.

Grundsätzlich ist natürlich eine vernünftige Abwechslung, gepaart mit einer freiwilligen Einschränkung in Bezug auf Menge und Vielfalt am sinnvollsten: Reduzieren Sie die Zahl der Beilagen pro Gericht und die Zahl der Gänge, denn je mehr wir unserem Körper zumuten, desto mehr Energie wird für die Verdauung der zugeführten Nahrung benötigt. Diese Energie fehlt uns dann für den weiteren Tagesverlauf und das drückt entsprechend auf die Stimmung. Ein einfaches, wohlschmeckendes Mahl, das mit Liebe zubereitet ist, versorgt uns mit neuer Kraft und lässt uns jene Tätigkeiten gut verrichten, die gerade anfallen und zu erledigen sind.

Etwas ungewöhnlich, aber für viele erleichternd, mag Hildegards Hinweis sein, dass der gesunde, erwachsene Mensch kein **Frühstück** benötigt, da er durch den nächtlichen Schlaf ausgeruht ist und seine Energie nicht gleich für die Verdauung verbrauchen soll. Achten Sie deshalb auf Ihr Bedürfnis und Ihr Hungergefühl am Morgen und essen Sie erst im Laufe des Vormittags, wenn Ihr Körper danach verlangt.

Spüren Sie bewusst nach, wann Ihre Frühstückszeit ist, und beobachten Sie, wie Sie ein gemütliches Sonntags- oder Urlaubsfrühstück genießen, vor dem Sie bereits aktiv waren.

Die erste Mahlzeit sollte übrigens immer warm sein: ein Habermus zum Beispiel oder ein Grießbrei oder gut gekautes Brot. Gutes Kauen ist grundlegend wichtig. Trinken Sie während der Mahlzeiten in rechtem Maß, damit die Säfte die Nahrung gut verarbeiten können, die Nahrung selbst jedoch nicht zu sehr verdünnt wird.

Aus aktuellen Studien wissen wir, dass gutes Kauen auch die Bildung von Synapsen im Gehirn anregt und sich somit auch auf unser Wissensvermögen positiv auswirkt.

Kinder, alte und kranke Menschen sollten nach Hildegard immer frühstücken. Falls Kinder das dennoch nicht mögen, dann versorgen Sie sie am Vormittag mit einer gesunden Jause.

Das **Mittagessen** sollte immer Dinkel in Form von Nudeln, Reis, Flocken, Korn oder Schrot als Basis enthalten, ergänzt durch Gemüse oder Salat. Je weniger verschiedene Beilagen bei einem Menü serviert werden, umso leichter verdaulich ist das Mahl.

Achten Sie bei den Mahlzeiten auf eine gesunde Abwechslung und bereiten Sie die Speisen immer liebevoll zu.

Das **Abendessen** kann aus denselben Zutaten bestehen wie das Mittagessen. Es sollte allerdings nach Hildegard noch bei Helligkeit eingenommen werden, im Winter also früher als im Sommer. Da der Körper am Abend die Verdauungstätigkeit immer mehr einschränkt, bleibt zu spät Gegessenes unverdaut im Magen-Darm-Bereich liegen und verursacht dementsprechende Beschwerden.

Denken Sie immer an die Discretio und nehmen Sie Umstellungen Schritt für Schritt in Angriff. Lassen Sie sich also genügend Zeit, damit Veränderungen auch dauerhaft gelingen können.

Je nach **Typ** und je nach **Jahreszeit** ist es sinnvoll, Lebensmittel nach „thermischen Kriterien" auszuwählen: Maroni, Datteln oder z. B. Quitten wirken auf den Körper wärmend und sollten daher während der Winterzeit bevorzugt gegessen werden. Himbeeren, Zitrusfrüchte, Rindfleisch und Salat hingegen wirken kühlend und sind im Sommer eine gute Wahl. Wenn Sie die Nahrungsmittel nach regionalen und saisonalen Angeboten auswählen, liegen Sie meistens richtig.

Wer traurig ist, sollte nach Hildegard „genügend von den ihm bekömmlichen Speisen essen, damit er durch das Essen wieder belebt wird". Wer große Freude hat oder verliebt ist, sollte hingegen nur mäßig essen, was meistens ohnehin der Fall ist.

Nach den Mahlzeiten trägt **Bewegung** oder ein Spaziergang zur besseren Verdauung bei. Aber auch ein **Mittagsschlaf** von 10 bis 20 Minuten ist sehr zu empfehlen, da er für körperliche und geistige Fitness sorgt und nachweislich zu mehr Leistungsfähigkeit und Aufmerksamkeit führt.

„Alles ist mit allem verbunden", lässt uns Hildegard wissen. Wenn wir uns möglichst gesund ernähren und so Verantwortung für uns selbst übernehmen (anstatt sie an Ärzte und Krankenhäuser abzuschieben), tragen wir ganz wesentlich zu einem gesünderen Miteinander auf allen Ebenen bei. Es gilt nicht, ständig auf andere zu verweisen und von ihnen Veränderungen einzufordern; es geht darum, selbst Veränderungen in der eigenen Lebensweise vorzunehmen. Hildegard nennt als Wegweiser das freiwillige Einschränken, das Besinnen auf eigene Werte und das Einhalten des rechten Maßes.

Essen und Genuss

Heute scheint es salonfähig zu sein, sein Essen im Stehen, während des Gehens oder vor dem Fernseher liegend ganz nebenbei einzunehmen. Dass sich das auf das Wohlbefinden auswirkt, ist längst kein Geheimnis mehr. Zudem verliert man das Gefühl für die eigentlichen Essenszeiten und die passende Menge. Auch diesbezüglich lieferte Hildegard schon zu ihrer Zeit wertvolle Anregungen und sie weist darüber hinaus auf wichtige Rahmenbedingungen hin. Aus heutiger Sicht gilt deshalb:

- Nehmen Sie Mahlzeiten generell in Ruhe und in angenehmer Gesellschaft ein und sprechen Sie dabei über angenehme Themen, denn Fröhlichkeit ist ein wichtiger Bestandteil eines gelungenen Essens. Verschieben Sie Geschäftsgespräche oder Probleme auf einen späteren Zeitpunkt.
- Die Räume sollten durchlüftet, nicht zu warm und nicht zu kalt sein. Genießen Sie auch die Mahlzeiten wohltemperiert und trinken Sie dazu „in rechtem Maß“.
- Decken Sie den Tisch liebevoll und verwenden Sie immer wieder Tischsets und Servietten in wohltuenden Farben und Formen. Auch das Auge isst mit und will entsprechend genießen.
- Als Getränk empfiehlt sich am Morgen Kräutertee und zu den Hauptmahlzeiten eignet sich am besten Leitungswasser (Raumtemperatur). Auch Wein und Bier sind nach Hildegard wertvolle Getränke, wenn sie in Maßen genossen werden. Sie empfiehlt, in den Wein immer ein Stück Brot kurz einzutauchen oder einige Tropfen Wasser beizufügen, damit das Getränk bekömmlicher wird.
- Richtiges Kauen fördert den Genuss, denn es lässt uns die Nahrung so richtig „er-schmecken“. Außerdem werden durch gründliches Kauen die Speisen vorverdaut und die Verdauungssäfte zum Fließen gebracht. Dadurch ist man früher satt und isst weniger, was wiederum der Figur und der Fitness zugutekommt.

Typisches, Besonderes und zu Bedenkendes

Dinkel

Die Grundlage der Hildegard-Ernährung bildet der Dinkel. Hildegard beschreibt ihn als das beste Getreide, denn *„er bereitet dem, der ihn isst, rechtes Fleisch und rechtes Blut, und er macht frohen Sinn und Freude im Gemüt des Menschen"*. Der Dinkel ist *das* Urgetreide, das bereits 2500 v. Chr. in Europa heimisch war und den Hauptteil des Getreideanbaus ausmachte. Nach Hildegard von Bingen ist Dinkel ein grundlegend wichtiges Nahrungsmittel. Untersuchungen haben ergeben, dass eine Dinkelernährung als Basisdiät ernährungsbedingte Gesundheitsschäden ausgleichen kann. Dinkel hat im Vergleich zu anderen Getreidearten optimal ausgewogene Inhaltsstoffe. Er besitzt einen hohen Anteil an essentiellen Fettsäuren, Proteinen und wertvollen komplexen Kohlehydraten. Weiters enthält er Vitamine (B1 und B2), Mineralien (Kalium, Kalzium, Magnesium) sowie Spurenelemente (Zink, Eisen, Kupfer). Einen Zusatzeffekt haben die so genannten nicht verdaulichen Pflanzenfaserstoffe, denn sie tragen zu einer lang anhaltenden Sättigung und in Folge zu einer Gewichtsreduktion bei.

Achten Sie auf reine Dinkelsorten und kaufen Sie, wenn möglich, Biodinkel direkt vom Bauern oder beim Händler Ihres Vertrauens. Ein höherer Preis für höhere Qualität ist gerechtfertigt.

Leider gibt es mittlerweile mit Weizen gekreuzte Dinkelsorten. Das ist nicht nur unehrlich, sondern kann vor allem für Allergiker problematisch werden. Reine Dinkelsorten sind: Oberkulmer Rotkorn, Ebners Rotkorn, Tiroler Rotkorn, Bauländer Spelz, Schwabenkorn, Frankenkorn und Ostro.

Da das Korn in einen Doppelspelz eingebettet ist, wird es von äußeren Umwelteinflüssen nicht so beeinträchtigt wie Weizen, Roggen oder andere Pflanzen. Durch diesen Spelz ist das Schälen des Korns allerdings sehr arbeits- und kostenintensiv. Zudem liegt der Ertrag pro Hektar beim Dinkel bei 3 Tonnen – beim Weizen sind es vergleichsweise ca. 10 Tonnen. Ein höherer Dinkelpreis, im Verhältnis 3:1 gegenüber dem Weizen, ist also gerechtfertigt.

Dinkel in unterschiedlicher Form

Roggen

„Der Roggen ist warm, aber doch kälter als der Weizen." Ihn sollten nur kräftige und korpulente Menschen essen, die körperlich anstrengende Arbeit verrichten, denn nur sie können den Roggen gut verdauen. Menschen mit „kaltem Magen" sollten keinen Roggen essen.

Weizen

„Der Weizen ist warm und eine vollkommene Frucht, so dass in ihm kein Mangel ist." Allerdings ist der Weizen nur in Form von Vollkorn vollwertig. Das Feinmehl vermehrt nach Hildegard den „Schleim" und dies führt u. a. zu schwachem Bindegewebe.

Hafer

„Der Hafer ist warm und eine beglückende und gesunde Speise für gesunde Menschen." Hafer setzt einen gut funktionierenden Magen voraus, dann bereitet er einen frohen Sinn und einen reinen und klaren Verstand. Er stärkt auch Menschen, die etwas kränkeln. Schwerkranke sollten den Hafer während der Krankheit meiden, da er sie schwächt.

Gerste

„Die Gerste ist kalt und sie schadet den Gesunden und den Kranken", lässt uns Hildegard wissen. Sie merkt aber auch an, dass ein Gerstenbad sehr wohl zum Einsatz kommen kann, da es ermatteten Menschen wieder zu Kräften verhilft.

Hirse

„Die Hirse ist kalt und nicht nützlich zu essen." In der Hildegard-Küche wird auf die Hirse verzichtet.

Mais

Mais wird von Hildegard nicht erwähnt. Wir geben zu bedenken, dass Mais zumeist in Monokultur und häufig genmanipuliert angebaut wird.

Maroni bzw. Edelkastanie

Über den Edelkastanienbaum sagt Hildegard, dass *„er die Weisheit bezeichnet und dass seine Frucht sehr nützlich gegen jede Schwäche ist"*. Die Maroni wärmt und lindert Magenleiden und wird auch bei Leber- und Milzschmerzen sowie bei Herzleiden zum Heilmittel. Krebskranke, AIDS-Infizierte und Geschwächte kommen durch vermehrten Edelkastanienkonsum zu neuen Kräften. Und Maronimehl mit Honig gemischt, der so genannte Maronihonig (siehe Seite 39), ist ein wichtiges Leberheilmittel.

Nüsse und Mandeln

Mandeln stärken nach Hildegard das Gehirn, geben eine gesunde Gesichtsfarbe und wirken zudem basisch. Es ist daher sinnvoll, täglich Mandeln in den Speiseplan einzubauen. Walnüsse sind ebenfalls sehr gesund, korpulenten Menschen sind sie aber nicht zu empfehlen. Haselnüsse sind nach Hildegard „gut zu essen", wenngleich sie nicht ganz so wertvoll sind wie Mandeln. Erdnüsse und exotische Nüsse werden nicht erwähnt.

> Achten Sie beim Einkauf auf möglichst naturbelassene Produkte.

Gemüse

Essen Sie bevorzugt Fenchel, Kichererbsen, Bohnen, Kürbis, Rote Rüben, Möhren, Brennnesseln, Pastinaken, Mangold, Gartensalate wie Kopf-, Eis- oder Eichblattsalat und Lollo rosso. Herbstgemüse und alle langsam wachsenden Sorten haben eine besonders nahrhafte Wirkung auf den Körper, weil sie genügend Zeit haben, Mineralstoffe aus dem Boden aufzunehmen und Sonnenenergie zu speichern.
Bei Nachtschattengewächsen wie Kartoffeln, Auberginen, Tomaten und Paprika sollten Sie Vorsicht walten lassen (siehe Seite 33).

Obst

Typische Hildegard-Obstsorten sind Quitten, Mispeln, Schlehen und Kornelkirschen. Sie sind alle fast in Vergessenheit geraten, erfreuen sich jedoch heute zunehmender Beliebtheit und werden in Kennerkreisen als gesunde Köstlichkeiten hoch geschätzt.
Greifen Sie generell nur zu sonnengereiftem und vorzugsweise heimischem Obst wie z. B. Äpfeln, Trauben, Marillen, Maulbeeren, Johannisbeeren und Himbeeren, denn es ist für uns besonders wertvoll. Birnen sind nur in gekochter Form (z. B. als Kompott) bekömmlich. Empfindliche Menschen sollten Obst blanchieren oder als Kompott genießen. Von Pfirsichen, Pflaumen und Erdbeeren (siehe Seite 32f.) rät Hildegard ab, da sie unser Immunsystem schwächen. Südfrüchte sollten immer nur als bewusste Ausnahme gegessen werden.

Milch und Milchprodukte

Milch ist kein Getränk, sondern ein Lebensmittel, das mit Maß und Ziel genossen werden darf. Im Winter ist Milch gesünder als im Sommer, wobei Hildegard besonders Ziegenmilch empfiehlt, die ja auch von Allergikern meist sehr gut vertragen wird. Frischkäse, Topfen und junge Käse sollten salzigen und alten Käsesorten vorgezogen werden. Joghurt wirkt kühlend, was besonders in der kalten Jahreszeit zu bedenken ist.

Fleisch und Fisch

Hildegard weist auch bei Fleisch auf die jeweils spezielle Heilwirkung hin. So empfiehlt sie Schaf, Ziege, Hirsch, Reh und speziell das Ysophuhn (Rezept siehe Seite 90) den Gesunden und Kranken gleichermaßen. Rind, Gans, Ente, Strauß (den sie erstaunlicherweise bereits im

12. Jahrhundert beschreibt) und Hühnchen (ausgenommen das Ysophuhn) sollten nur gesunde Menschen essen. Von Schweinefleisch rät sie ganz eindeutig ab.

Auch Fisch wird von Hildegard genau beschrieben. Grundsätzlich sollten Menschen, die in der Nähe von Wasser wohnen, öfters Fisch essen als „Bergbewohner". Bevorzugen Sie immer heimischen Fisch bzw. Fisch aus Ihrem Nahbereich. Fischarten, die Hildegard für Gesunde und Kranke empfiehlt, sind Äsche, Barsch, Rotauge, Hecht und Wels. Gesunde dürfen auch Forelle, Hering, Karpfen und Stör genießen. Von Aal, Brachse, Lachs und Scholle rät sie ab. Dasselbe gilt für Muscheln und Krustentiere. Wir wissen, dass die handelsüblichen Krustentiere heute auf engstem Raum unter künstlichen Bedingungen herangezüchtet werden und uns folglich mehr schaden, als dass sie uns als *Leben*smittel dienen. Muscheln weisen besonders viele Schadstoffe auf, da es ihre eigentliche Aufgabe ist, das Wasser zu reinigen.

Zucker

Zucker ist ein Energieräuber. Hildegard empfiehlt Rohrohrzucker, der zehnmal mehr Mineralien aufweist als weißer, raffinierter Zucker. Weißer Zucker verbraucht zudem mehr wertvolle Mineralien und Vitamine. Honig wird bei Hildegard nicht zum Süßen von Speisen eingesetzt, sondern nur als Heilmittel.

Fette und Öle

Fette und Öle haben für die Erhaltung unserer Körperfunktionen große Bedeutung und sind zudem Geschmacksträger. Butter und Butterschmalz sind hochwertige und gut verträgliche Produkte. Achten Sie sowohl bei den Fetten als auch bei den Ölen auf ausgezeichnete Qualität.

> Hervorragende kaltgepresste Öle weisen einen jeweils charakteristischen Bodensatz auf. Dieser besteht aus Schalenanteilen und Teilen des Saatguts.

Das Öl sollte immer nach dem Saatgut schmecken, aus dem es gepresst wurde. Vergleichen Sie einmal die unterschiedlichen Farbnuancen von Sonnenblumenöl, das nach Hildegards Subtilitätenlehre sehr wertvoll ist.

Auch das hochwertige Kürbiskernöl sollte oft eingesetzt werden. Sesam- und Walnussöl verleihen den Salaten einen intensiven Geschmack, den man durch Beigabe von Sesamsamen bzw. gehackten Walnüssen noch unterstreichen kann.
Rapsöl wird von Hildegard nicht geschätzt und über das viel gepriesene Olivenöl sagt sie: *„Wenn es gegessen wird, ruft es Übelkeit hervor und macht andere Speisen schlecht genießbar."* Aus aktuellen Studien geht hervor, dass Südländer ein spezielles Enzym besitzen, das sie Olivenöl gut verstoffwechseln lässt. Uns fehlt dieses Enzym, wir sollten daher auf unsere regionalen Produkte wie Sonnenblumenöl oder Kürbiskernöl vertrauen. Maiskeimöl wird von Hildegard nicht beschrieben, ist aber aufgrund des gentechnisch veränderten Maises fragwürdig.

Essig

Hildegard schreibt dem Weinessig reinigende Kraft zu, deshalb sollte dieser bevorzugt eingesetzt werden. Kombinieren Sie gelegentlich Weinessig und Balsamicoessig, dadurch bieten Sie Ihrem Gaumen feine, stets wechselnde Geschmacksnuancen. Balsamicoessig ist in Holzfässern gelagerter Weinessig, der eine milde Note in das Dressing zaubert. Himbeer- und Johannisbeeressig verleihen zarten Blattsalaten eine fruchtige Note. Sherryessig hingegen hat einen etwas strengeren und säuerlichen Beigeschmack, wird aber von vielen gerade deshalb geschätzt.

Hildegard-Gewürze und -Kräuter

In der Hildegard-Küche haben Gewürze und Kräuter einen hohen Stellenwert. Sie bringen nicht nur den richtigen Geschmack, sondern auch die persönliche Note in die Speisen. Mit ihnen lassen sich mediterrane, orientalische, asiatische und exotische Geschmacksrichtungen erzielen. Nach der Subtilitätenlehre Hildegards haben sie zudem gesundheitsfördernde bzw. heilende Wirkung, bei einigen spricht sie sogar von Frohmachern, da sie unsere Laune heben. Gewürze wie z. B. Galgant oder Bertram, die zu Beginn etwas ungewöhnlich erscheinen, können in Apotheken oder im Hildegard-Fachhandel bezogen werden. Andere typische Hildegard-Gewürze wie Zimt, Muskat oder Nelken verwenden Sie sicher ohnehin schon längst. Die vielen Kräuter können Sie nach Gutdünken im Garten oder auf dem Balkon selbst ziehen und frisch oder getrocknet verwenden. Es empfiehlt sich, die Kräuter bei zunehmendem Mond oder an den so genannten Blatttagen zu sammeln, sie von den groben Stielen abzuzupfen und an einem schattigen, luftigen Platz auf Papier zu trocknen. Sie können aber auch im Trockenapparat oder im Backrohr bei 50 Grad langsam getrocknet werden.

Die trockenen Kräuter zwischen den Handflächen zerreiben oder in einer Kaffeemühle fein mahlen und in Papiersäcken oder in kleinen Dosen lagern.

Ackerminze

„Wer einen kalten Magen hat und die Speisen nicht verdauen kann, der esse diese kleine Minze."

Die Ackerminze wärmt also den Magen und fördert die Verdauung. Ackerminzeblätter und zarte junge Ackerminzetriebe fein hacken und in Suppen, im Gemüse und in Fleisch- oder Fischgerichten mitkochen bzw. roh mit etwas Brot essen.

Bachminze

„Wem der Magen von vielen Speisen und Getränken beschwert wird, der esse oft Bachminze."

Die Bachminze entlastet den Magen und die Atmung. Sie sollte speziell bei Übergewicht oft verwendet werden. Bachminze in Suppen, im Gemüse und in Fleisch- oder Fischgerichten mitkochen bzw. roh mit etwas Brot essen.

Basilikum

„Wer starke Fieber hat, der koche Basilikum in Wein, gebe Honig bei und trinke dies oft."

Basilikum ist ein typisches Sommergewürz und wirkt kühlend. Es gibt den Gerichten eine wunderbare italienische Note und sorgt nach Hildegard auch dafür, dass „sich die Zunge lockert" und man sich traut, öffentlich zu sprechen.

Beifuß

„... heilt kranke Eingeweide und wärmt den kranken Magen."

Beifuß wird auch „Wilder Wermut" genannt und ist mehr Heilmittel als Gewürz. Er hilft bei Gastritis, Magenempfindlichkeit und Sodbrennen und hat auf Leber und Bauchspeicheldrüse anregende Wirkung. Beifuß wird mancherorts auch „Ganslkraut" genannt, da er das Verdauen des fetten Gänsefleisches unterstützt. Frische kleingehackte Beifußblätter oder 1–2 Messerspitzen Beifußpulver in Suppen, Gemüse, Fleisch-, Geflügel- oder Fischgerichten mitkochen und nur in kleinen Mengen verwenden, da er bitter schmeckt.

Bertram

„... ist gut zu essen, weil er die Fäulnis mindert, das gute Blut vermehrt und einen klaren Verstand im Menschen bereitet."
Bertram sorgt also für gesundes Blut, stärkt die Abwehrkräfte und den Verstand, fördert die Verdauung und hilft bei Verschleimungen im Kopfbereich (z. B. bei Schnupfen, Stirnhöhlen- und Nebenhöhlenproblemen). Bertram sollte täglich und immer mit Galgant gemeinsam verwendet werden.

> Die in den Rezepten verwendeten Gewürze (v. a. Bertram, Galgant, Zimt, Muskat und Nelken) sind, wenn nicht anders angegeben, in Pulverform einzusetzen.

Bohnenkraut

„Wer einen traurigen Sinn hat, den macht es froh."
Das Bohnenkraut stärkt Augen, Magen und Herz und ist ein Frohmacher. Es ist ein aromatisches Gewürz, passt zu allen Gemüsegerichten und kann als Pulver, in gerebelter Form und frisch eingesetzt werden.

Dill

„Gekocht gegessen unterdrückt er die Gicht."
Für Rheumatiker wird Dill zum Heilmittel. Generell sollte Dill selten und wenn dann nur gekocht oder gebeizt gegessen werden, da er traurig macht, wenn man ihn roh verzehrt.

Fenchel

„Wie auch immer er gegessen wird, macht er den Menschen fröhlich, vermittelt angenehme Wärme und guten Schweiß, und er verursacht eine gute Verdauung." Fenchel reinigt den Magen, verhindert Mundgeruch, stärkt die Sehkraft, sorgt für eine gute Ausdünstung und Hautfarbe sowie für guten Körpergeruch. Er zählt zu den klassischen Frohmachern und passt vor allem zu Getreide- und Gemüsegerichten.

Galgant

„Der Galgant ist ganz warm und er ist heilkräftig."
Galgant ist das „Herzmittel" der Hildegard-Heilkunde. Aber auch bei Menstruationsbeschwerden, Kreislaufproblemen, Kraftlosigkeit, Kopfschmerzen und Durchblutungsstörungen hat er seine wärmende und entkrampfende Wirkung schon vielfach unter Beweis gestellt. Galgant ist in Pulverform oder auch in Form von Wurzelstückchen erhältlich. Er wird sämtlichen Speisen anstatt Pfeffer beigegeben und passt überall, wo es würzig und scharf schmecken soll.

Gewürznelken

„Die Gewürznelke ist sehr warm und hat auch eine gewisse Feuchtigkeit in sich."
Auch die Gewürznelke ist ein Frohmacher und hilft bei Kopfschmerzen, Kopfbrummen, Bluthochdruck und als unterstützendes Mittel bei Knalltrauma und entstehender Wassersucht.

Griechenklee

„Wem das Essen verleidet, der nehme Bockshornklee samt Samen, mache ihn in Wein warm und trinke das oft."
Griechenkleepulver bzw. Bockshornklee fördert nach Hildegard „den rechten Appetit" und schmeckt ausgezeichnet. Man könnte ihn als „Aromat der Hildegard-Küche" bezeichnen. Er passt vor allem in Suppen, Saucen und gebundene Gemüse. Wer das herb-bittere Aroma mag, kann Griechenklee auch roh verwenden.

Kubebe

„Sie macht den Geist fröhlich und den Verstand und das Wissen rein."
Kubeben helfen bei Stress, Hormonschwankungen sowie Nervenschwäche und wirken unterstützend im Klimakterium. Kubebenpulver wird am besten in kleinen Prisen Dinkelgerichten und Brot beigegeben.

> Das Kauen von Kubebenkörnern ist auch bei Lernschwierigkeiten und Stimmungsschwankungen hilfreich.

Muskat

„Wenn ein Mensch die Muskatnuss isst, öffnet sie sein Herz, reinigt seinen Sinn und bringt ihm einen guten Verstand."
Muskat ist ein Frohmacher, hilft bei Traurigkeit, Trägheit sowie Nervenleiden und dient zur Belebung der Sinne.

Muskateller-Salbei

„Der Muskatellersalbei ist warm und er ist gut gegen Gift."
Der Muskatellersalbei ist ein wichtiges Magenmittel und kann wie die anderen Salbeisorten in der Küche eingesetzt werden. Mit ihm lassen sich auch in Bierteig gebackene „Salbeiküchlein" herstellen.

Pelargonienpulver

„Wer im Herzen leidet, esse dieses Pulver mit Brot oder durch Auflecken aus der Hand, und es wird ihm besser gehen."
Das Pelargonienpulver, das auch als Grippepulver bekannt ist, besteht aus Edelpelargonien-, Bertram- und Muskatnusspulver. Es wird zur Vorbeugung in Erkältungszeiten und bei akuten Erkältungen in Form des Grippeweins eingenommen, kann aber auch Salatsaucen beigefügt werden.

Poleiminze

„Die Poleiminze hat die Kraft von 15 Kräutern in sich."
Poleiminze hilft gegen Gastritis, Aufstoßen oder Sodbrennen und reinigt den Magen. Das wohlschmeckende Küchengewürz mit Speisen mitkochen, roh einer Marinade oder einem Aufstrich beifügen oder einfach über das Essen streuen.

Quendel

„Der Quendel ist warm und gemäßigt … und der Körper wird innerlich geheilt und gereinigt."
Quendel hilft bei allen Hautproblemen, er dient zur Blutreinigung und wird auch bei Gedächtnisschwäche eingesetzt. Der Quendel bzw. der wilde Thymian gibt den Speisen eine italienische Note und passt zu allen Gemüse- und Fleischgerichten. Damit er seine Wirkung voll entfalten kann, muss er immer mitgekocht werden.

Rainfarn

„Der Rainfarn macht den Magen leicht und bereitet eine angenehme Verdauung."
Der Rainfarn ist mehr Heil- als Küchengewürz und er ist ein wichtiges Mittel bei trockenem Husten, Reizhusten, aber auch bei Prostataleiden.

Salbei

„Roh und gekocht ist er gut für jenen zu essen, den schädliche Säfte plagen ..."
Der Salbei wirkt gegen alle Schadstoffe, die im Körper gespeichert sind. Er reinigt und heilt gleichzeitig. Wenn möglich, täglich 1–2 Salbeiblätter frisch essen oder Salbeipulver im Essen mitkochen bzw. über ein Stück Dinkelbrot streuen und essen.

Salz

„Wenn ein Mensch die Speisen ohne Salz isst, macht es ihn innerlich lau, wenn er sie mäßig gemischt mit Salz isst, stärkt und heilt es ihn. Wer eine zu stark gesalzene Speise isst, den macht es innerlich dürr und schadet ihm." Hildegard spricht vom „hellen" Salz, deshalb verwenden wir in unseren Breiten vorzugsweise Salinensalz.

Ysop

„Und wenn man ihn oft isst, reinigt er den kranken Schaum der Säfte, wie die Wärme im Topf den Schaum aufwallen lässt, und er ist für alle Speisen nützlich." Ysop hilft bei Traurigkeit, Melancholie, Depression und Leberschmerzen. Auch dieses Hildegard-Heilkraut ist ein „Frohmacher" und passt zu allen Gemüse-, Fleisch- und Fischgerichten, aber auch zu Teigwaren und Getreidegerichten. Ysop muss immer mitgekocht werden.

Zimt

„Wer ihn oft isst, dem mindert er die üblen Säfte und bereitet gute Säfte in ihm." Zimt ist generell ein Frohmacher, den man am besten täglich einsetzt. Das wohlschmeckende Gewürz sorgt auch für eine gute Durchblutung und für freie Atemwege. Bei Depressionen und Nervenleiden sollte Zimt besonders häufig angewandt werden.

Tabus in der Hildegard-Küche

In der Hildegard-Küche gibt es einige wenige Nahrungsmittel, die möglichst gemieden werden sollten, da sie nach Hildegard unsere Abwehr schwächen. Sie sind jedoch kein Grund, sich von der Hildegard-Küche zu distanzieren, denn gemäß der hildegardschen Anweisung, „das Positive fördern, damit das Negative automatisch in den Hintergrund treten kann", werden diese so genannten „Küchentabus" mit Discretio und Ratio nach und nach vom Speiseplan gestrichen.
Stellen Sie also Ihre gewohnte Küche nicht von heute auf morgen um, sondern nehmen Sie Veränderungen Schritt für Schritt vor und bleiben Sie dann konsequent bei den Nahrungsmitteln und Gewürzen, die Ihnen wohltun und schmecken.
Hildegard weist bei Lebensmitteln stets auf ihre Subtilität, also ihre spezielle Wirkung auf den Menschen hin und nennt demzufolge auch einige Lebensmittel, die der Gesundheit nicht zuträglich sind: Erdbeeren, Pfirsiche, Pflaumen, Schweinefleisch, Lauch und Chicorée.
Diese „Küchentabus" werden Ihnen längerfristig nicht fehlen, da es immer einen vollwertigen Ersatz für sie gibt:

- So werden z. B. **Erdbeeren** durch Himbeeren, Johannisbeeren und Brombeeren ausgetauscht.
- **Pfirsiche** und **Pflaumen** werden nach und nach zugunsten von Aprikosen und Äpfeln in der Obstschale weichen.
- **Schweinefleisch** fehlt nicht wirklich auf dem Speiseplan, wenn „erlaubte" Fleischsorten – mit Hildegard-Gewürzen verfeinert – zur vollwertigen Variante werden. Zudem ist Fleisch nur an Festtagen sinnvoll.
- **Lauch** wird durch Frühlingszwiebeln bestens ersetzt
- und **Chicorée** durch verschiedene Blattsalate.
- Auf **Olivenöl** wird in der Hildegard-Küche verzichtet, es kommt nur in Heilmitteln zum Einsatz.

Auf die berechtigte Frage nach dem „Warum?" gibt uns Hildegard folgende Antworten:

- **Erdbeeren** bilden Methan und „verschleimen" den Menschen. Sie führen mitunter zu Allergien, Ekzemen, Mittelohr- und Blinddarmentzündungen.

- **Pfirsiche** fördern ebenfalls die Verschleimung und zerstören nach Hildegard die guten Körpersäfte, wodurch Stoffwechselstörungen ausgelöst werden können.
- **Pflaumen** fördern die Melancholie, weil sie die Säuren im Körper derart vermehren, dass es zu Stimmungsschwankungen, Depressionen und Rheuma kommen kann.
- **Lauch** schwächt das Abwehrsystem des Menschen; das wirkt sich auch auf die Blutbildung aus.
- Auch **Chicoreé** beeinträchtigt das Immunsystem.
- **Schweinefleisch** schließlich vermehrt die schlechten Säfte, schwächt die körpereigenen Abwehrkräfte und fördert das cholerische Element im Menschen. Das heißt, es macht ihn aufbrausend, reizbar und unbeherrscht.

Beim Thema „**Nachtschatten**" sind sich die Hildegard-Anhänger nicht einig. Einige meinen, dass Hildegard nur vom „Nachtschattenkraut" spricht, andere wiederum zählen zu den Nachtschatten auch Kartoffeln, Tomaten, Paprika und Auberginen. Es ist sinnvoll, diese Lebensmittel sparsam und ganz bewusst einzusetzen und sie folgendermaßen zu „entschärfen":

- Entfernen Sie bei den **Tomaten** die Kerne und nach Möglichkeit auch die Haut.
- Wenn Sie auf **Paprika** nicht verzichten wollen, essen Sie diese nur blanchiert oder gebraten.
- **Auberginen** vor der Zubereitung immer einsalzen und das Wasser ausdrücken.
- **Kartoffeln** nicht als Grundnahrungsmittel einsetzen.

Bis auf getrocknete Tomaten kommen in diesem Buch keine „Nachtschatten" vor.

Zucchini-
Sticks
Zucchini-
Sticks

Geschickte Vorratshaltung

Wenn die Vorratshaltung geschickt auf persönliche und familiäre Vorlieben abgestimmt ist, kann man in kürzester Zeit, also auch an Tagen, an denen es eilt, köstliche und vor allem raffinierte Gerichte zaubern. Die einmalig investierte Zeit während des Einmachens, Einlegens, Mischens oder Rührens verleiht dann dem aktuellen Tagesgericht löffel- bzw. portionenweise den richtigen Pfiff. Es verhilft zu einem guten und sicheren Gefühl, wenn man auf Selbstgemachtes zurückgreifen kann, und man fördert auf diese Weise auch die Gesundheit. Es ist sinnvoll, Suppen und Eintöpfe in größeren Portionen zu kochen und einen Teil davon tiefzufrieren.

Grundzubereitungen

Bewahren Sie Lebensmittel des täglichen Bedarfs wie Mehl, Grieß, Zucker oder Nüsse immer griffbereit in Gläsern oder Dosen auf.
Um in der Küche einen zeitlich günstigen Ablauf zu haben, ist es sinnvoll, Dinkelkörner, Dinkelgrütze oder auch Kichererbsen in größeren Mengen vorzukochen und portionenweise einzufrieren.

Grundzubereitung der gekochten Dinkelkörner

1 kg Dinkelkörner	in einem feinen Sieb kalt abspülen und in
2 Liter Wasser	kalt aufsetzen. Wenn das Wasser kocht,
Salz, Galgant	und
Bertram	dazugeben. Etwa 40 Minuten köcheln und weitere 20 Minuten ausquellen lassen; die Körner müssen platzen.

Die ausgekühlten Körner zum Beispiel als Füllung, in Broten oder Müslis weiterverarbeiten, den Rest in Tiefkühlsäckchen geben, flach drücken und einfrieren. Die gefrorenen Körner zum Beispiel als Risotto, als Beilage oder für den Dinkel-Kopfsalat weiterverwenden.

Grundzubereitung der Grütze

500 g Dinkelgrütze	mit
¾ Liter Wasser	kalt aufsetzen. Wenn das Wasser kocht,
Salz, Galgant	und

Bertram	dazugeben und zugedeckt 20 Minuten köcheln lassen. Den Deckel umgekehrt auf die Pfanne setzen und mit kaltem Wasser bedecken. Das verhindert, dass die Grütze am Pfannenboden ansetzt. Noch weitere 20 Minuten ausquellen lassen.

Ausgekühlte Grütze beliebig weiterverarbeiten: als Beilage, Riebel, Füllung, für Bratlinge, ins Müsli oder in Broten.
Den Rest als flache Pakete einfrieren. Anstatt Grütze kann auch ausgesiebter Dinkelschrot verwendet werden.

Grundzubereitung der Kichererbsen

500 g Kichererbsen	über Nacht in
2 Liter Wasser	einweichen, dann abseihen und die Kichererbsen mit
2 Liter frischem Wasser, Salz, Galgant, 2 Lorbeerblättern	und
1 Zwiebel	1 Stunde köcheln lassen und abseihen.

Die gekochten Kichererbsen weiterverarbeiten oder portionenweise tieffrieren.

Grundzubereitung von Bratquitten

Die Quitten trocken abreiben und dann erst waschen. Die Früchte auf ein Backblech legen und bei 180 Grad im Rohr 40–50 Minuten (je nach Größe) braten. Mit einer Gabel prüfen, ob sie weich sind. Über Nacht abkühlen lassen, damit sich das Pektin wieder verfestigt, und die Quitten erst am nächsten Tag weiterverarbeiten:

- ➜ in Schnitze schneiden (zur späteren Weiterverarbeitung oder zum Einfrieren),
- ➜ das restliche Fruchtfleisch von den Butzen abkratzen und zu Mus verarbeiten,
- ➜ die Butzen quer in 5 mm breite Scheiben schneiden, bei 70 Grad im Ofen trocknen und Tee damit zubereiten.

Frühstücks-Habermusmischung 1

3 Tassen feine Dinkelflocken,	
1 Tasse gehackte Mandeln,	
1 Tasse Rosinen,	
1 Tasse Apfelschnitze,	getrocknet und klein geschnitten,
1 EL Flohsamen,	
2–3 EL Rohrohrzucker,	
1 Msp. Salz,	
1 Msp. Galgant,	
1 Msp. Bertram	und
1 KL Zimt	gut mischen und in einem Glas aufbewahren.

Frühstücks-Habermusmischung 2

½ kg Dinkelflocken,	
1 EL Flohsamen,	
½ KL Bertram,	
½ KL Galgant,	
1 gehäuften KL Zimt	und
1 Msp. Salz	gut mischen und in einem großen Glas aufbewahren.

Die Mischung kann auch mit Dinkelschrot zubereitet werden. Dann erhöht sich aber die Kochzeit des Dinkelhabermuses auf 20 Minuten.

Gewürzpulver- bzw. Nervenkekspulvermischung

45 g Muskatnusspulver,	
45 g Zimtpulver	und
10 g Nelkenpulver	mischen und in einem Glas aufbewahren.

Diese Mischung kann prisenweise auch einem Apfelstrudel, Mürbteigen und Müslis beigefügt werden.

Maronihonig

Er eignet sich als Brotaufstrich, zum Verfeinern von Salatsaucen und pur gegessen als kleine Schleckerei.

500 g Bienenhonig	bei niederer Temperatur erwärmen und
150 g Maronimehl	darunterrühren. In kleine Gläser füllen und kühl aufbewahren.

Gemüsesalz

1 Tasse Basilikumblätter,	
1 Tasse Petersilie,	
1 Tasse geschnittenen Schnittlauch,	
2 geschälte Karotten,	
1 Stückchen Sellerie,	
½ Fenchelknolle	und
3 EL Salz	in der Küchenmaschine klein hacken. So viel
Sonnenblumenöl	beifügen, bis eine sämige Paste entsteht.

Mit dem Gemüsesalz Suppen, Saucen und Salate würzen oder es z. B. einem Topfenaufstrich beifügen.

Kräutersalz

Je eine Handvoll ganz junge, zarte Blätter bzw. Triebe von Brennnessel, Löwenzahn, Gundelrebe, Veilchen, Pimpinelle, Petersilie, Schnittlauch und zum Beispiel Liebstöckel in die Küchenmaschine geben.

3 EL Salz	dazugeben. Alles klein hacken und so viel
Sonnenblumenöl	beifügen, bis eine sämige Paste entsteht.

Das Kräutersalz in kleine Gläschen abfüllen und im Kühlschrank oder im Keller kühl und trocken lagern. Suppen und Salate damit würzen, einen Kräutertopfen oder einen Joghurtdip damit zubereiten.

Basilikumpesto

4 Tassen Basilikumblätter,	
1 Tasse geriebenen Parmesan,	
1 Tasse Pinienkerne,	
4 frische	
Knoblauchzehen	und
2 EL Salz	in der Küchenmaschine zerkleinern und unter weiterem Rühren so viel
Sonnenblumenöl	dazugeben, bis eine sämige, feuchte Paste entsteht.

Rosensalz

Unbehandelte getrocknete	
Rosenblätter	und
Salz	im Verhältnis 1:2 in der Küchenmaschine zerkleinern. In Gläser füllen und dunkel aufbewahren.

> Würzen Sie damit Gerichte wie Lamm, Fisch oder Gemüse. Das Rosensalz verleiht allem eine romantisch-blumige Note.

Pikante Rosenbutter

¼ kg Butter,	
1 gute Handvoll	
Rosenblätter,	
Salz	und
1 Msp. Galgant	in der Küchenmaschine oder mit einer Gabel verrühren. Die Mischung auf Alufolie geben und eine Rolle formen. Im Kühlschrank aufbewahren. Auf frisch gebackenem Brot servieren.

Brotscheiben, Brotwürfel und Brotbrösel

Altbackenes Brot in kleine Würfel und dünne Scheiben schneiden und im Backrohr bei 50 Grad trocknen. Wenn es sich nur um eine kleine Menge handelt, das Brot in einer Pfanne rösten. Die Brotwürfel und -scheiben gut auskühlen lassen und in Büchsen oder Gläsern aufbewahren.

Mögliche Weiterverwendung:

- → **Brotscheiben** im Toaster erwärmen, mit einer Knoblauchzehe einreiben und mit Salz bestreuen.
- → **Getoastete Brotscheiben** als kleine Vorspeise mit Pesto oder einem Dip bestreichen.
- → **Brotwürfel** (und nach Belieben auch einige Sonnenblumen- oder Pinienkerne) in wenig Butterschmalz in einer Pfanne anrösten, mit Salz und Galgant bestreuen und auf eine gebundene Suppe oder auf Blattsalat geben. Diese Mischung ist zudem ca. 1 Woche in einem Schraubglas haltbar.
- → **Brotbrösel** ebenfalls immer in doppelten Mengen anrösten. Geröstete Brotbrösel bleiben in Gläsern 10–14 Tage lang frisch.
- → Würzen Sie die **Brotbrösel** mit Salz, Galgant und Bertram und streuen Sie sie auf Blumenkohlsalat und Aufläufe, oder mischen Sie sie mit Rohrohrzucker und Zimt und geben Sie damit Süßspeisen den besonderen „Pep".

Rösten von Körnern und Nüssen

Körner und Nüsse entfalten ihr volles Aroma erst durchs Rösten. Deshalb ganze oder gehackte Nüsse immer zuerst rösten, bevor man sie über Gerichte oder Salate streut. Am besten immer etwas mehr rösten, auskühlen lassen und in Gläser füllen. Innerhalb von 10 Tagen verwenden, da sie sonst ranzig werden.

Apfelchutney

1 kg Klaräpfel	oder Boskoop nach Belieben schälen und in Spalten schneiden. Mit
3 gehackten Zwiebeln,	
400 g Rohrohrzucker	und
300 ml Essig	15 Minuten kochen lassen.
1 Knoblauchzehe, je 1 KL Zimt, Nelkenpulver, Koriander, 2 EL Curry, 1 EL Senfkörner, 1 KL Galgantpulver, 100 g frischen Ingwer,	
100 g Mandelstifte	und
100 g Rosinen	zum Apfelgemisch geben und weitere 10 Minuten kochen lassen. Heiß in Gläser füllen. Je nach Konsistenz eventuell noch etwas Wasser untermengen.

Quittenchutney

600 g rohe Quitten	(oder gebratene) und
400 g Äpfel	würfeln.
3 Zwiebeln	fein hacken. Alles zusammen mit
400 g Rohrohrzucker	etwa 15 Minuten köcheln lassen.
1 große Knoblauchzehe, 1 KL Zimt, 1 KL Koriander, 1 KL Nelken,	
1 gehäuften EL Galgant, 1 EL Bertram, 1 EL Senfkörner, 100 g Mandelstifte,	(Wenn vorhanden, zusätzlich ein Stück frische, in Scheiben geschnittene Galgantwurzel mitkochen.)
100 g Rosinen	und einige
Zitronenzesten	beifügen und das Ganze nochmals etwa 25 Minuten köcheln lassen. Sollte zu viel Flüssigkeit verdampfen, noch einen Schuss Weißwein oder Wasser beifügen. Das Chutney in kleine Gläser abfüllen.

Rote Sauce

1 mittelgroße Zwiebel	fein hacken und in
1 EL Sonnenblumenöl	goldgelb anrösten. Dann
1 Knoblauchzehe,	gehackt, und
1 KL Rohrohrzucker	ganz kurz mitrösten. Mit
1 EL Dinkelfeinmehl	stauben und durchrösten. Mit
1 EL Rotweinessig	ablöschen, mit
50 ml Rotwein	und
100 ml Wasser	aufgießen und anschließend
500 g Karotten,	in Würfel geschnitten, und
100 g Randig,	ebenfalls in Würfel geschnitten, dazugeben. Mit
1 Lorbeerblatt,	
1 Prise Zimt,	
Galgant, Bertram, Ysop,	
Quendel, Griechenklee	und
Salz	würzen und ca. ½ Stunde weich köcheln lassen.

Lorbeerblatt entfernen, die Masse mit dem Mixer fein pürieren und wie eine Tomatensauce weiterverarbeiten: z. B. mit frischem Basilikum und Kapern anreichern oder als „Sauce Bolognaise" mit Hackfleisch zubereiten.

1 EL Sauerrahm in die warme Sauce einrühren, dann in ein verschließbares Gefäß oder in ein Glas geben, abkühlen lassen und im Kühlschrank lagern. Dort ist das „Hildegard-Ketchup" bis zu einer Woche haltbar.

Curry-Mischung à la Hildegard

Unter Curry versteht man eine individuell zusammengestellte Gewürzmischung, je nach persönlichen Vorlieben und gesundheitsfördernden Wünschen. Die Geschmackspalette reicht von mild bis scharf und die Farbe der Curry-Mischung ist von den jeweiligen Zutaten abhängig. Da Chili und Cayennepfeffer „hitzen", werden sie in der

Hildegard-Küche nicht verwendet. Wählen Sie unter folgenden Hildegard-Gewürzen Ihre Favoriten aus:

Galgant	ist ein „Scharfmacher“ und stärkt den Kreislauf.
Bertram	sorgt für gesundes Blut und den rechten Säftehaushalt.
Gelbwurz	sorgt für die appetitliche gelbe Farbe.
Fenchel	fördert die Verdauung, sollte aber wegen des typischen Geschmacks in Currys sparsam verwendet werden.
Griechenklee	sorgt für „rechten“ Appetit und ein ausgezeichnetes Aroma.
Nelken	wirken wassertreibend und machen froh.
Zimt	hilft bei Stoffwechselstörungen und macht froh.
Kreuzkümmel	regt die Verdauung an.
Zitronenzesten	sorgen für die frische Note. Sie werden den fertigen Currygerichten beigegeben.
Kardamom und Koriander	werden von Hildegard nicht erwähnt, können aber durchaus eingesetzt werden.

Scharfe Gewürzblütenmischung

Es eignen sich folgende Blätter und Blüten: Gundelrebe, Brennnessel, Quendel, Ysop, Basilikum, Lavendel, Krauseminze, Poleiminze, Bohnenkraut, Veilchen, Himmelschlüssel, Gänseblümchen, Ringelblume, Rose, Kapuzinerkresse.
Zu den getrockneten und zerkleinerten Blüten und Blättern gibt man ganz nach Geschmack Galgantpulver, Bertrampulver, langen Pfeffer (Pulver), Griechenkleepulver und z. B. Muskatnusspulver.
Diese scharfe Mischung ist ein hübscher Farbtupfer auf Salaten, Ziegenkäsen, Suppen oder Beilagen und sie sorgt zudem für einen pfiffigen Geschmack.

Das Rezept für eine liebliche Blütenmischung finden Sie auf Seite 57.

Dörren und Einlegen

Verwenden Sie zum Dörren und Einlegen reifes, frisches und sauberes Obst oder Gemüse und achten Sie auf gute Qualität. Das macht sich in jedem Fall bezahlt und lohnt die Arbeit. Schneiden Sie die Lebensmittel immer in gleich große bzw. dicke Streifen oder Scheiben und tauchen Sie Birnen- und Apfelstücke vor dem Dörren in Zitronenwasser (Saft von 2 Zitronen mit 1 Liter Wasser mischen), so bleiben sie schön hell.

Dörren

Sie können Gemüse bzw. Obst im Dörrapparat laut Anweisung oder im Backrohr bei 50 Grad Heißluft dörren. Das Dörrgut auf mit Backtrennpapier belegte Bleche geben und alle drei Backebenen gleichzeitig nutzen. Es ist wichtig, einen Kochlöffelstiel zwischen Backrohr und Backofentüre zu klemmen, damit die Feuchtigkeit entweichen kann.

Äpfel und Birnen	in 8 mm dicke Ringe oder Schnitze schneiden, in Zitronenwasser tauchen und im Ofen 8–24 Stunden dörren.
Aprikosen	halbieren, 10–15 Stunden dörren.
Quitten	schälen, in 8 mm dicke Schnitze schneiden, 8–10 Stunden dörren.
Möhren, Sellerie	am Gurkenhobel in dünne Streifen schneiden und
Frühlingszwiebel	in dünne Ringe schneiden, alles zusammen kurz blanchieren, 3–4 Stunden dörren.
Zwiebel	in feine Streifen schneiden, 6–8 Stunden dörren.
Shiitake- und Austernpilze	in 4 mm breite Streifen schneiden, 5–8 Stunden trocknen.

Das Dörrgut ist fertig, wenn es trocken, aber dennoch biegsam und elastisch ist. Zwiebeln und Wurzelgemüse sind fertig, wenn sie trocken und spröde sind. Das Dörrgut vollständig auskühlen lassen und dann in Gläsern mit Schraubverschluss oder in mit Butterbrotpapier ausgelegten Dosen aufbewahren. Kontrollieren Sie von Zeit zu Zeit, ob die Ware noch in Ordnung ist.

Einlegen

Die folgenden Rezepte können nach persönlichem Geschmack abgeändert werden, sollten jedoch die angegebenen Mengen an Salz, Zucker und Essig nicht unterschreiten, da diese zur Konservierung wichtig sind. Frische Ware und saubere Gläser sind eine grundlegende Voraussetzung. Die Gläser am besten waschen und ins vorgeheizte Backrohr stellen, in diese heißen Gläser die Marmeladen, Gemüse etc. einfüllen.

> Das Einlegen und Konservieren von Lebensmitteln erfolgt am besten an Blüten- und Fruchttagen. Wer sich nicht nach dem Aussaatkalender orientiert, sollte auf den aufsteigenden Mond, d. h. auf die Sternzeichen Schütze bis Zwilling achten.

Himbeeressig

Ein Glasgefäß zu einem Drittel (oder mehr) mit Himbeeren füllen und diese mit Weißweinessig bedecken. Das Glasgefäß 14 Tage an ein lichtdurchflutetes Plätzchen stellen und anschließend den Essig abseihen.

> Dieser aromatische Himbeeressig kühlt nicht nur, sondern reinigt aufgrund des Weinessigs auch den Magen.

Gänseblümchenknospen

2 EL Salz	in
½ Liter Wasser	auflösen und
2 Tassen Gänseblumenknospen	dazugeben. 24 Stunden ziehen lassen. Abseihen, in ein Glas geben und mit so viel
Weißweinessig	übergießen, dass die Knospen bedeckt sind.

Zucchini-Salat

½ Liter Essig,	
¼ Liter Wasser,	
200 g Zucker,	
3 KL Salz,	
4 Knoblauchzehen,	
1 EL Senfkörner,	
1 KL Pfefferkörner,	
1 KL Neugewürz	und
2 Lorbeerblätter	zusammen aufkochen.
1 kg Zucchini,	in Scheiben geschnitten,
2 Zwiebeln,	in Scheiben geschnitten,
	und
100 g Sellerie,	in Scheiben geschnitten, 5 Minuten im Sud kochen. In Gläser füllen und sofort verschließen.

Zucchini-Sticks

½ Liter Weinessig,	
¼ Liter Wasser,	
200 g Zucker,	
1 KL Pfefferkörner,	
1 KL Koriander,	
1 KL Fenchelsamen	und
1 EL Salz	aufkochen, bis sich der Zucker löst.
1 kg Zucchini,	in Stickform,
4 Knoblauchzehen,	
150 g Zwiebeln,	in Scheiben geschnitten,
1 Zweig Rosmarin	und
1 Zweig Thymian	dazugeben und 5 Minuten kochen. In Gläser füllen und sofort verschließen.

Gewürz-Kürbis

1 Liter Weißweinessig	und
500 g Zucker	so lange aufkochen, bis sich der Zucker auflöst.
1 Zimtstange,	
2 Nelken	und
1300 g gewürfelten Kürbis	portionenweise in diesem Sud glasig kochen.

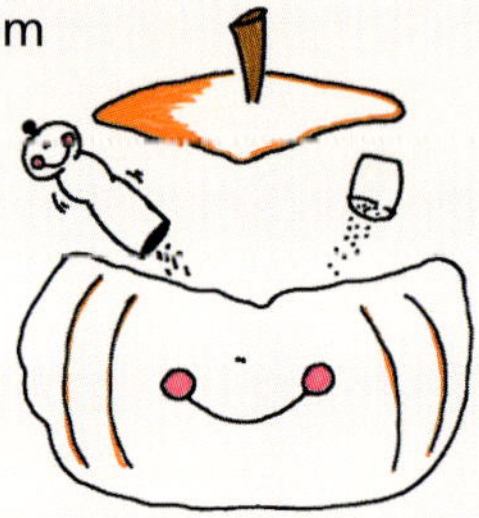

Den Kürbis in Gläser schichten und zum Schluss kochendheißen Sud darübergießen. Den Sud am nächsten Tag nochmals aufkochen und abgekühlt wieder über den Kürbis geben.

Beim Kauf des Kürbis darauf achten, dass der Kürbisstiel intakt ist, denn er ist der „Verschluss" des Kürbisses. Außerdem einen Klopftest machen: Der Kürbis sollte hohl klingen.

Vanille-Kürbis

1 Liter Rotweinessig	und
1 kg Zucker	zusammen kochen, bis sich der Zucker aufgelöst hat.
1–2 Vanilleschoten	(längs aufschlitzen) und
1500 g gewürfelten Kürbis	portionenweise in diesem Sud glasig kochen und mit
100 g geschälten Mandeln	und
Zitronenschale	in ein Glas schichten.

Den Essigsud nochmals 10 Minuten kochen und heiß in die Gläser füllen. Kühl aufbewahren.

Kürbis-Chutney

1 kg würfelig geschnittenen Kürbis,	
3 gehackte Zwiebeln,	
400 g Zucker,	
300 ml Essig,	
5 Knoblauchzehen,	
je 1 KL Zimt,	
Nelkenpulver	und
Koriander,	
2 EL Curry	und
1 EL Senfkörner	zusammen 15 Minuten lang kochen. Die geschnittene Schale von
1 Zitrone,	
100 g frische Galgantwurzel,	
100 g Mandelstifte	und
100 g Weinbeeren	zum Kürbisgemisch geben und weitere 25 Minuten kochen. Heiß abfüllen.

Eingelegter Knoblauch

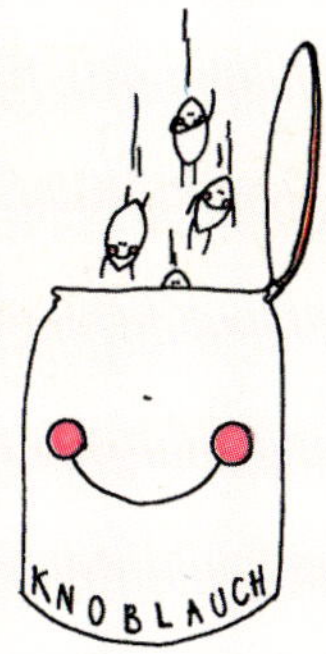

1 kg Knoblauch,	
1 Liter Weißwein,	
½ Liter Weißweinessig	und
150 g Zucker	3 Minuten kochen und kaltstellen. Am nächsten Tag abseihen. Den Sud mit
1 Zweig Rosmarin,	
1 Zweig Thymian,	
16 Nelken,	
8 Lorbeerblättern,	
2 KL weißen Pfefferkörnern	und
4 KL Salz	nochmals 5 Minuten kochen.

Den Knoblauch wieder dazugeben und das Ganze aufkochen. In Gläser füllen und sofort verschließen.

Shiitakepilze in Essig

1 kg Shiitakepilze	(klein und fest) in
1 Liter Salzwasser,	dem zusätzlich
5 EL Salz	beigefügt werden, 5 Minuten sprudelnd kochen. Das Wasser abgießen und die abgetropften Pilze in
½ Liter frischem Wasser	und
200 ml Weinessig	nochmals 5 Minuten kochen lassen. Die Pilze aus dem Sud nehmen, in Gläser füllen und mit kochendem Sud ubergießen. So viel
Sonnenblumenöl	über die Pilze gießen, bis diese 1 cm bedeckt sind.

Mischpilze

½ Liter Weißweinessig,	
¼ Liter Wasser,	
1 KL Salz	und
100 g Zucker	zusammen 10 Minuten kochen lassen.
150 g Zwiebel,	grob geschnitten,
Zitronenschale,	
2 Lorbeerblätter,	
2 Zweige Estragon,	
einige Dillblüten,	
Zitronenmelisse	und
1 kg kleine Austernpilze und Shiitake	5 Minuten kochen lassen und in Gläser füllen. Den Sud nochmals aufkochen und so viel davon über die Pilze gießen, dass die Flüssigkeit 1 cm übersteht.

Marmeladen und Süßes

Tipps zur Zubereitung von Marmeladen und Gelees

Selbstgemachte Marmeladen und Gelees sind ein Hochgenuss und immer auch ein willkommenes Geschenk. Damit sich die Arbeit lohnt, sind folgende Grundregeln zu beachten:

- Marmelade und Gelees lieber in kleinen Mengen zubereiten, d. h. maximal 1 kg Früchte bzw. ½ Liter Flüssigkeit mit der jeweiligen Zuckermenge verarbeiten.
- Kleine Gläser verwenden, damit bei etwaiger Schimmelbildung nicht so viel Marmelade betroffen ist.
- Unmittelbar vor dem Marmeladeeinkochen die Gläser samt Deckel im Backrohr bei 100 Grad oder in kochendem Wasser sterilisieren.
- Für Marmeladen benötigen Sie ½ bis 1 kg Rohrohrzucker für 1 kg Früchte.
- Als Geliermittel können Fruchtpektin oder Agar-Agar genau nach Anweisung verwendet werden.
- Bei dunklen Gelees oder Marmeladen eignet sich Rohrohrzucker hervorragend, bei hellen Gelees kommt es zu Eintrübungen. Geschmacksvarianten für Gelees ergeben sich durch die Zugabe von:
  - Rosenblättern in Holunder- oder Johannisbeergelees,
  - Galgantpulver in Quitten- oder Himbeergelees,
  - Minzeblättern, fein gehackt, in Minze- oder Holundergelees.

Marillenmarmelade

500 g frische Marillen	in Schnitze schneiden und mit
500 g Rohrohrzucker	2 Stunden oder länger stehen lassen, bis sich Flüssigkeit bildet. Dann mit
30 g Fruchtpektin	aufkochen. Geleeprobe machen und in Gläser abfüllen.

Sie können mit diesem Grundrezept sämtliche Marmeladevarianten (Beeren oder Beeren-Fruchtmischungen) zubereiten.

Mispelmarmelade

1 kg reife Mispeln	waschen und durch ein Sieb passieren. Das Fruchtfleisch mit
500–750 g Rohrohrzucker	und
¼ Liter Wasser	bei kleiner Hitze langsam etwa ¼ Stunde köcheln lassen, bis eine cremige Masse entsteht. Eventuell noch etwas Wasser dazugeben. Zum Schluss nach Belieben
4 EL Quittenlikör	beifügen. Die Marmelade in kleine Gläser füllen und sofort verschließen.

Die Mispel kräftigt nach Hildegard gesunde und kranke Menschen. Mispeln werden erst nach dem ersten Frost geerntet und frisch oder als Marmelade verzehrt. Aus den Rückständen lässt sich ein köstlicher Mispelsirup herstellen (siehe Seite 217).

Kornelkirschenmarmelade

Reife Kornelkirschen zuerst mit etwas Wasser zugedeckt dämpfen lassen, bis sie platzen. Dann die Kornelkirschen durch die „Flotte Lotte" drehen bzw. durch ein Sieb streichen, damit die Kerne zurückbleiben.

	Anschließend
500 g Kornelkischen-Fruchtmus	mit
500 g Rohrohrzucker	etwa 8 Minuten kochen lassen und
1 Prise Zimt	beifügen. Die Kornelkirschenmarmelade in kleine Gläser abfüllen und sofort verschließen.

Die aromatische Kornelkirsche reinigt und stärkt nach Hildegard den Magen.

Quittengelee

Rohe Quitten waschen, den Stiel entfernen und samt Gehäuse klein schneiden. Die klein geschnittenen Quitten in einen Topf geben, mit Wasser bedecken und ca. 40 Minuten weich kochen. Das Ganze über Nacht stehen lassen, dadurch erhalten sie eine schöne kräftige Farbe. Am nächsten Tag den Saft durch ein Tuch rinnen lassen und anschließend

1 Liter Saft	mit
1 kg Gelierzucker	(oder Rohrohrzucker und Agar-Agar) und eventuell
1 Prise Galgant	aufkochen. Gelierprobe machen und das Gelee in Gläser füllen.

> Geben Sie in jedes Glas ein Stück Sternanis, das sieht sehr dekorativ aus.

Rosengelee

	Die Rosenblätter von
15 stark duftenden Rosenköpfen	abzupfen. Den Blattansatz jeweils mit einer kleinen Schere abschneiden, da dieser bitter sein könnte. Die Blütenblätter auf Insekten und braune Blätter kontrollieren und dann mit
¾ Liter Weißwein	bis zum Siedepunkt erhitzen, aber nicht kochen. Das Ganze 15 Minuten zugedeckt ziehen lassen und abseihen. Den Rosenwein abkühlen lassen und mit
500 g Gelierzucker 2:1	4 Minuten sprudelnd kochen lassen. In jedes Glas eine Handvoll Rosenblätter geben und das Gelee einfüllen.

Zweierlei pikante Marmeladen vom Klarapfel

Apfelgelee

500 g Klarapfelwürfel	mit
1,5 cm frischer Galgantwurzel,	kleinstgeschnitten (ersatzweise 2 Msp. Galgantpulver),
300 g Rohrohrzucker,	
100 ml Weißwein	und
¼ Liter Wasser	zum Kochen bringen und 5 Minuten sprudelnd kochen lassen. Den Saft vom Apfelgemisch durch ein Sieb gießen, abkühlen lassen und mit
30 g Fruchtpektin	nochmals aufkochen. Geleeprobe machen und in Gläser füllen.
5 Rosenblätter pro Glas	dazugeben, die Gläser verschließen und auf den Kopf stellen.

Den Fruchtrückstand für die Apfelmarmelade weiterverwenden:

Apfelmarmelade

Den Rest des Apfelgemischs nochmals kurz aufkochen, eventuell noch etwas Fruchtpektin beigeben und ebenfalls in Gläser füllen.

> Diese pikante Marmelade passt ausgezeichnet zu Käse oder exotischen Gemüsegerichten.

Himbeermarmelade

500 g frische Himbeeren	mit
500 g Rohrohrzucker	2 Stunden stehen lassen, bis sich Flüssigkeit bildet. Dann mit
30 g Fruchtpektin	aufkochen. Geleeprobe machen und in Gläser abfüllen.

Quittenmarmelade

1 kg Quittenmus (Grundzubereitung siehe Seite 37),
750 g Rohrohrzucker,
1 Tasse Wasser und den Saft von
2 Zitronen gut mischen und unter ständigem Rühren ca. 10 Minuten kochen und heiß in Gläser füllen. Vorsicht: Die Masse brennt leicht an!

Quittenkonfekt

1 kg rohe Quitten vierteln, die Butzen entfernen, grob raspeln und mit
1 kg Zucker in einem großen Topf bei starker Hitze durchkochen, dabei gut umrühren. Sobald die Masse anzusetzen beginnt (nach ca. 10–12 Minuten),
80 g gehackte Mandeln und
1 KL Galgant beigeben und etwas abkühlen lassen.

Diese Masse auf grobem Zucker auswalken, Rauten schneiden und ca. 3–4 Wochen trocknen lassen. In Dosen, die mit Backpapier ausgelegt sind, aufbewahren.

Gebrannte Mandeln

200 ml Wasser gemeinsam mit dem
Mark einer Vanilleschote und
400 g Rohrohrzucker aufkochen. Dann
400 g Mandeln dazugeben.

So lange rühren, bis die Masse fest wird. Anschließend weiterrühren, bis sie wieder flüssig wird und schließlich karamellisiert. Dann die Mandeln auf einen Porzellanteller geben und mit zwei Gabeln so verteilen, dass sie nicht zusammenkleben können.

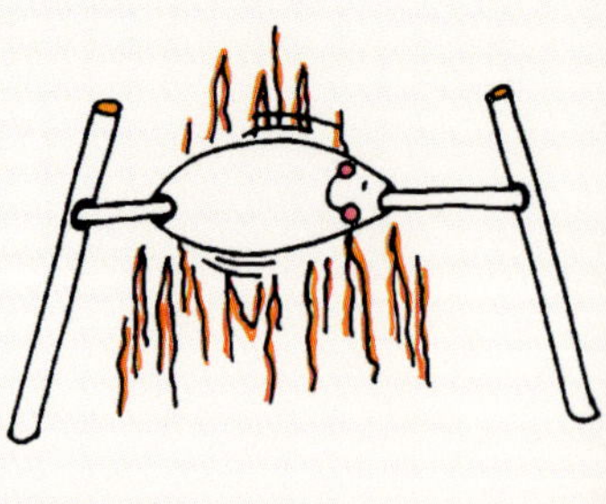

Apfelchips

150 g Rohrohrzucker mit
150 ml Wasser aufkochen und 3 Minuten köcheln lassen.
1 großen Apfel samt Kerngehäuse und Schale in dünne Scheiben schneiden und portionenweise (!) etwa 1 Minute in der Zuckerlösung ziehen lassen.

Mit der Schaumkelle auf einem mit Backpapier belegten Backblech verteilen und die Apfelscheiben bei 100 Grad Umluft etwa 1 Stunde trocknen lassen. Die Chips anschließend sofort vom Backpapier lösen und auf einem Kuchengitter auskühlen lassen, damit sie knusprig werden. Gut ausgekühlt kann man die Apfelchips in Dosen lagern. Sollten sie wieder weich werden, dann einfach vor dem Verzehr nochmals kurz im Backofen trocknen.

Liebliche Gewürzblütenmischung

Es eignen sich folgende Blätter und Blüten: Gundelrebe, Brennnessel, Zitronenmelisse, Zuckerblatt (Stevia), Veilchen, Himmelschlüssel, Gänseblümchen, Ringelblume, Rose, Kamille, Löwenzahn und Sonnenblume. Zu den getrockneten und zerkleinerten Blüten und Blättern Zimt, Nelkenpulver und Rohrohr-Puderzucker mischen. Die liebliche Mischung passt ausgezeichnet auf Kompotte, Nachspeisen, Joghurt, Topfenauflauf und Schlagrahm.

Rosenzucker

Unbehandelte getrocknete Rosenblätter und Zucker im Verhältnis 1:1 in der Küchenmaschine zerkleinern. In Gläser füllen und dunkel aufbewahren. Für Süßspeisen verwenden, Kekse damit bestreuen oder Glasränder verzieren.

Salate und kalte Vorspeisen

Der so genannte Dinkel-Kopfsalat ist ein Hildegard-Klassiker, denn er bereitet den Magen auf die nachkommenden Speisen vor und sorgt für eine gute Verdauung. Er sollte, laut Hildegard-Pionier Dr. Gottfried Hertzka, täglich das Mittagsmahl begleiten.
Damit Blattsalate bekömmlich und leicht verdaulich sind, lässt man sie immer 5–10 Minuten in einer Essigmarinade ziehen und mischt sie vor dem Servieren zweimal gut durch. So werden sie nach Hildegard „geläutert".
Da Rohkost schnell zu einer Übersäuerung des Körpers führen kann, werden Gemüsegerichte immer aus gekochtem bzw. blanchiertem Gemüse zubereitet. Die einzige Ausnahme bildet der Fenchel, der nach Hildegard auch roh gegessen werden darf.

Spezial-Geschmackstipps

- Eine Prise Zucker kann eine zu sauer gewordene Marinade „retten".
- Die Beigabe eines Esslöffels Maronihonig bewirkt einen runden, „molligen" Geschmack.
- Auch Gewürze wie Galgant, Bertram und Pelargonienpulver bereichern das Geschmacksspektrum.
- Frische Kräuter wie Schnittlauch, Petersilie, Liebstöckel, Basilikum, Pimpinelle oder Blüten von Veilchen, Gundelrebe, Kapuzinerkresse, Ysop und Gänseblümchen bringen neben reizvollen geschmacklichen Nuancen auch eine appetitliche, frische Farbe in den Salat.

Kopfsalat mit Dinkelkörnern (der Hildegard-Klassiker)

2 EL Sonnenblumenöl, 1 EL Weinessig, 1 EL Balsamicoessig, Salz, Galgant, Bertram	und pro Portion
3 EL gekochte Dinkelkörner	gut vermengen und 5–10 Minuten ziehen lassen.
Salatblätter	untermengen, nochmals 10 Minuten ziehen lassen und vor dem Servieren zweimal gut durchmischen.

Sommersalate

Blattsalate nach Wahl	waschen und in mundgerechte Stücke zupfen. Für die
Marinade	
3 EL Kürbiskernöl	oder Sonnenblumenöl,
1 EL Balsamicoessig,	
1 EL Weinessig,	
Galgant, Bertram	und
Salz	in einer Salatschüssel mischen und mindestens 10 Minuten ziehen lassen.

Sommersalat mit Hirschschinken

8 getrocknete Tomatenhälften,	in feine Streifen geschnitten,
1 EL Kapern,	
3 EL Hirschschinken,	in feine Streifen geschnitten,
1 EL fein geschnittene Petersilie	und
fein geschnittenen Liebstöckel	mischen und zusammen mit dem vorbereiteten Blattsalat unter die Marinade mischen.

Sommersalat mit Apfel und Fenchel

1 Fenchelknolle	in feine Streifen schneiden.
1 Apfel	schälen und in dünne Spalten schneiden.
2 EL getrocknete Preiselbeeren	grob hacken und
1 EL Zitronenmelisse	in feine Streifen schneiden. Alle Zutaten mit dem vorbereiteten Blattsalat unter die Marinade mischen.

> Fenchel macht nach Hildegard fröhlich.

Feldsalat mit Fenchel und Käse

Marinade	
3 EL Sonnenblumenöl	oder Kürbiskernöl,
2 EL Balsamicoessig,	
1–2 EL Weinessig,	
Galgant, Bertram	und
Salz	gut verrühren.
2 Fenchelknollen	längs halbieren und mit einem Gurkenhobel in dünne Scheiben schneiden. Sofort mit
Zitronensaft	mischen.
200 g Vogerl- bzw. Feldsalat	waschen und in einem Küchentuch trocken „schleudern". Fenchel und Feldsalat unter die Marinade mengen und
50 g Parmesan	oder Pecorino über den Salat hobeln.

Käse-Varianten

→ Nach Belieben Fetakäse in Scheiben schneiden und auf dem Salat verteilen.

→ Feta-Scheiben mit Pesto (siehe Seite 40) bestreichen und auf dem Salat verteilen.

Endiviensalat mit Himbeer-Dressing

Endiviensalat	in dünne Streifen schneiden oder grob zerpflücken und 10 Minuten in lauwarmem Wasser ziehen lassen. Abseihen und trocken schütteln.
3 EL Himbeeressig,	
2 EL Sesamöl,	
2 EL Sahne,	
2 Prisen Salz,	
2 Prisen Galgant	und
1 Prise Korianderpulver	gut verrühren und mindestens 10 Minuten ziehen lassen. Das Dressing mit dem Salat vermengen.

Blattsalat mit Ziegenkäse-Variationen

Pro Person einen frischen Ziegenkäse so halbieren, dass 2 runde Scheiben entstehen. Diese Scheiben bei milder Hitze auf jeder Seite kurz in der Pfanne erwärmen (nicht erhitzen, da der Käse sonst „davonläuft"). Marinierten Blattsalat auf Tellern anrichten:

Variante 1
Den Ziegekäse mit gehackten und gerösteten Kürbiskernen bestreuen und Kürbiskernöl darüberträufeln.

Variante 2
Den Ziegenkäse mit gerösteten Pinienkernen bestreuen und Sonnenblumenöl darübergeben oder mit geröstetem Sesam bestreuen und Sesamöl darüberträufeln.

Variante 3
Den Ziegenkäse mit Granatapfelkernen und langem Pfeffer bestreuen und etwas Himbeeressig darüberträufeln.

Variante 4
Den Ziegenkäse mit 1–2 Kaffeelöffeln Basilikumpesto bestreichen.

Kürbissalat

500 g Kürbis	grob raffeln, salzen und ½ Stunde rasten lassen. Die Masse durch ein Geschirrtuch winden und den Kürbis danach kurz in Öl andünsten. Eine Marinade aus
Essig, Öl, Salz, Galgant	und
Pelargonienpulver	zubereiten und mit dem Kürbis abmischen. Den Salat mindestens ½ Stunde ziehen lassen und mit gerösteten, gehackten
Kürbiskernen	servieren.

Spargelsalat mit rosa-lila Blüten

Den grünen Spargel im unteren Drittel schälen und je nach Größe 2–4 Minuten in Salzwasser kochen. Den Spargel abseihen und kurz in eiskaltes Wasser geben. Dünner zarter grüner Spargel kann ohne Vorkochen in Öl oder Butterschmalz gebraten werden.

2 Frühlingszwiebeln	in feine Ringe schneiden und mit
250 g gekochtem Spargel	bei mittlerer Hitze in
1 EL Butterschmalz	kurz anbraten. Mit
Galgant, Bertram	und
Salz	würzen, mit
50 ml Weißwein	aufgießen und bei sanfter Hitze bissfest kochen. Mit
Himbeeressig	und
Sonnenblumenöl	marinieren. Auf einem Teller anrichten und
mit Blütenblättern,	(Lavendel, Veilchen, Rose, Gundelrebe) bestreuen.

> Sie können den Spargel anstatt zu marinieren mit Rahm verfeinern und als Gemüse unter Spaghetti mischen.

Dinkelgrützesalat

300 g Sommergemüse	(Zucchini, Kohlrabi, Fenchel, Karotten, Frühlingszwiebeln) in feine Streifen schneiden, in
1 EL Sonnenblumenöl	ganz kurz anrösten, mit
Galgant, Bertram, Salz	und
gehackten, frischen Kräutern	würzen und vom Herd nehmen. Mit einer Marinade aus
Öl, Weißweinessig, Balsamicoessig,	
Galgant, Bertram	und
Salz	mischen und unter
500 g gekochte, ausgekühlte Grütze	(Zubereitung siehe Seite 36f.) heben. Den Salat mindestens ½ Stunde ziehen lassen.

Nudelsalate

250 g Suppennudeln	in Salzwasser kochen und kalt abspülen.
1 KL Sonnenblumenöl	untermischen, damit die Nudeln nicht verkleben.

Marinade

3 EL Sonnenblumenöl, 1 EL Weißweinessig, 1 EL weißen Balsamicoessig, 1 EL trockenen Sherry, Salz, Galgant und Bertram verrühren.

Nudelsalat 1

100 g Austernpilze	in Streifen schneiden oder zupfen.
100 g Shiitake	grob schneiden.
2 Frühlingszwiebeln	in feine Ringe schneiden und mit den Pilzen in wenig
Sonnenblumenöl	anbraten. Mit
Galgant, Bertram	und
Salz	würzen und mit den Nudeln unter die Marinade mischen. Zum Schluss
1 EL Korianderblätter	grob hacken und untermengen.

Nudelsalat 2

1 Zucchini	in kurze, feine Streifen schneiden und in
Sonnenblumenöl	kurz anbraten.
2 Handvoll Blattspinat	kurz mitdünsten.
1 EL Petersilie	und
1 EL Basilikum	daruntermengen, mit
Galgant, Bertram	und
Salz	würzen und mit den Nudeln unter die Marinade mischen.

Nudelsalat 3

1 Karotte (lila-orange)	in kurze, feine Streifen schneiden und in
Sonnenblumenöl	kurz anbraten.
8 getrocknete Tomatenhälften	in feine Streifen schneiden, dazugeben, mit
Galgant, Bertram	und
Salz	würzen und mit den Nudeln unter die Marinade mengen. Zum Schluss
1 EL Petersilie	und
1 EL Basilikum	untermengen.

Ziegenkäse mit Apfel-Zwiebel-Sauce

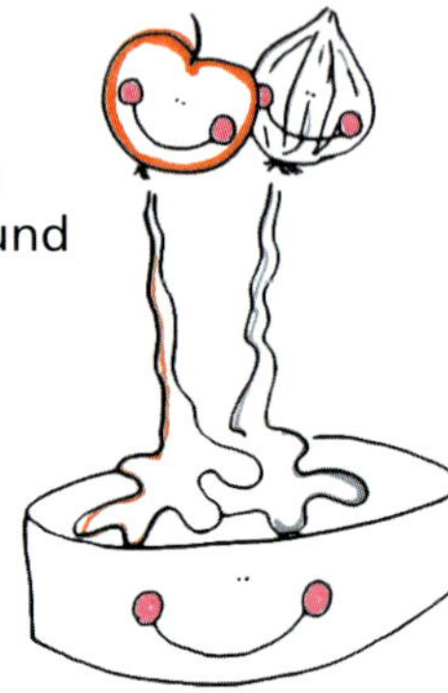

4 kleine Zwiebeln	in 2 mm dicke Ringe schneiden und in
1 EL Sonnenblumenöl	hellgelb rösten.
Frische Galgantwurzel	klein hacken und kurz mitrösten.
4 kleine Äpfel	vierteln, schälen, in 2 mm dicke Spalten schneiden und ebenfalls kurz mitrösten. Das Ganze kräftig mit
Galgant und Bertram	würzen.
1 KL Honig,	
1 KL Zitronenzesten	und
1 Prise Salz	dazugeben und nochmals kräftig rösten. Mit
1 EL Balsamicoessig	und
100 ml Rotwein	ablöschen. Die Hitze reduzieren, eventuell noch etwas Wasser beifügen, den Deckel auf die Pfanne setzen und die Sauce 3 Minuten dünsten lassen.
Ziegenkäse	waagrecht in 1 cm dicke Scheiben schneiden, auf vorgewärmten Tellern anrichten und die Apfel-Zwiebel-Sauce darauf verteilen. Nach Belieben
gehackte Walnüsse	darüberstreuen.

Brotsalat (pro Person)

2 Handvoll Brotwürfel,	grob geschnitten, in
Sonnenblumenöl	anrösten.
2 Handvoll Spinatblätter	blanchieren und gut ausdrücken.

Marinade

1 EL Öl,	
3 KL Balsamicoessig,	
Salz, Galgant	und
Bertram	verrühren und 10 Minuten ziehen lassen. Alle Zutaten mischen. Noch einige
Minzeblätter	klein schneiden und mit
Schafkäsewürfeln	auf dem Salat verteilen.

Apfel-Fenchel-Salat

2 säuerliche Äpfel	vierteln, das Kerngehäuse entfernen und die Äpfel in dünne Spalten schneiden. Mit
Zitronensaft	beträufeln.
2 kleine Fenchelknollen	halbieren und in 2 mm dünne Streifen schneiden.
2 EL Sonnenblumenöl	und
2 EL Honig	in einer Pfanne vorsichtig erhitzen. Die
Fenchelstreifen	und
1 EL Fenchelsamen	3 Minuten darin braten und kräftig mit
Salz, Galgant	und
Bertram	würzen. Abkühlen lassen und mit den Apfelspalten mischen.

Sauce

100 g Apfelmus, 2 EL weißen Balsamicoessig, 2 EL Sonnenblumenöl,	
Salz	und
Galgant	kräftig verrühren und unter den Salat mischen. Mit
2 EL gehackten Walnüssen	bestreuen.

Fenchel-Orangen-Salat

Marinade

3 EL Sonnenblumenöl, 2 EL weißen Balsamicoessig, 1 EL Weißweinessig,	
Galgant, Bertram	und
Salz	gut verrühren.

3 kleine Fenchelknollen	längs halbieren und 3 Minuten in Salzwasser kochen. Abseihen, kalt abschrecken und in dünne Spalten schneiden.
1–2 Orangen	mit einem scharfen Messer schälen und Orangenfilets herausschneiden.

Alles zusammen mischen und mindestens 2 Stunden ziehen lassen.

Sellerie-Karotten-Tatar

100 g Knollensellerie	und
100 g Karotten	schälen und in kochendes Salzwasser geben. Sobald das Wasser erneut aufkocht, das Gemüse herausnehmen und in kaltem Wasser abschrecken. Dann trockentupfen und in feinste Würfelchen schneiden. Es ist wichtig, die Würfelchen so klein wie möglich zu schneiden.
1 Stängel Frühlingszwiebeln	in feine Ringe schneiden. Mit dem Karotten-Sellerie-Tatar und
150 g Ziegenfrischkäse	gut verrühren. Mit
Salz, Galgant, Bertram, Zitronensaft, Zitronenzesten	und gehackter
Petersilie	würzen und mindestens ½ Stunde ziehen lassen.

> Ziegenfrischkäse kann durch Sauerrahm oder durch einen anderen Frischkäse ersetzt werden.

Quitten-Carpaccio auf Blattsalat

1 Quitte	am Gurkenhobel in hauchdünne Scheiben schneiden. Mit
Zitronensaft	beträufeln und mit
Salz	bestreuen. Mindestens 1 Stunde ziehen lassen. Je nach Geschmack die Quittenscheiben auch noch mit
Balsamicoessig	beträufeln bzw. bestäuben. Auf
gemischtem Blattsalat	anrichten.

Marinierter Fenchel mit Dattelcreme

3 kleine Fenchelknollen halbieren, in Salzwasser 2 Minuten kochen, abgießen und kalt abschrecken. So in grobe Streifen schneiden, dass der Strunk die Blätter zusammenhält. Die Fenchelstücke in eine flache Schüssel oder eine Gratinform schichten.

Marinade

1 mittelgroße Zwiebel	in feine Ringe schneiden, in etwas
Sonnenblumenöl	kurz anrösten und ankühlen lassen.
1 Knoblauchzehe	fein hacken.
4 EL Sherry	oder Weißwein,
6 EL Balsamicoessig,	
2 TL Honig,	
Salz, Galgant, Bertram	und
1 EL Fenchelgrün	hacken.

Alle Zutaten gut verrühren und über den Fenchel verteilen. Mindestens 2 Stunden im Kühlschrank ziehen lassen und zwischendurch wenden. Den Fenchel mit Mozzarella-Scheiben „umranden" und mit Grissini oder einer Focaccia servieren.

Eine „De-luxe-Variante" ist der marinierte Fenchel mit Dattelcreme:

Dattelcreme

	Den Fenchel aus der Marinade heben und auf einer Platte anrichten.
100 ml Rahm	steif schlagen und mit der Marinade mischen.
4 Datteln	in feine Streifen schneiden und dazugeben. Diese Sauce separat zum Fenchel servieren.

Datteln sind eine köstliche, energiespendende Zwischenmahlzeit. Hildegard beschreibt sie als „so wertvoll wie Brot".

Fenchel im Blätterteig

Blitzblätterteig	(siehe Seite 210) zubereiten. Den Blätterteig in ausreichend große (die Teigstücke werden beim Backen kleiner) Quadrate, Rauten oder Dreiecke schneiden und auf ein mit Backpapier belegtes Backblech setzen. Die Teigstücke mit
Rahm	oder verquirltem Ei bestreichen, mit
Sesam	und
grobem Salz	bestreuen und bei 180 Grad Heißluft ca. 8 Minuten goldgelb backen.
Füllung	
2 kleine Fenchelknollen	halbieren und auf dem Gurkenhobel fein hobeln.
1 Apfel	in Schnitze schneiden, das Kerngehäuse entfernen, in feine Spalten schneiden und beides in einer
Marinade	aus
Sonnenblumenöl,	
Himbeeressig,	
Salz, Galgant	und
Fenchelpulver	20 Minuten ziehen lassen. Anschließend gut abtropfen lassen und
100 g cremigen Ziegenfrischkäse	untermischen. Nach Belieben auch noch
1 EL gehackte Walnüsse	dazugeben.

Jeweils einen Blätterteigteil mit der Kruste nach unten auf einem Teller anrichten, mit der Fenchel-Apfel-Fülle belegen und mit einem zweiten Blätterteigteil bedecken.
Mit etwas Fenchelgrün dekorieren und sofort als Vorspeise oder kleines Abendessen servieren.

Apfel-Randig-Salat (pro Person)

1 mittelgroße gekochte Randigknolle
1 mittelgroßer Apfel
1 kleine Zwiebel

Randig vorkochen

Knollen vor dem Kochen nicht schälen und die Blätter nur abreißen, nie schneiden. Mit Wasser bissfest kochen, abseihen und auskühlen lassen.

Zubereitung

Die gekochten Randigknollen am Gurkenhobel in dünne Scheiben schneiden. Die Zwiebeln in dünne Ringe schneiden und in Sonnenblumenöl goldgelb anrösten. Die Äpfel am Gurkenhobel ebenfalls in dünne Scheiben schneiden und zu den Zwiebeln in die Pfanne geben. Ganz kurz mitrösten, mit Salz, Galgant und Bertram kräftig würzen, mit einem Schuss Rotweinessig ablöschen und mit wenig Wasser aufgießen. Alles zusammen zum Randig geben und gut durchmischen.
Den Apfel-Randig-Salat jeweils auf einem Salatblatt auf Tellern anrichten und mit gehackten Walnüssen bestreuen. Nach Belieben Sauerrahm glatt rühren, salzen und davon einen Klacks über den Salat geben.

Rote-Rüben-Carpaccio

2–3 Rote Rüben	bissfest kochen. Das Gemüse schälen und am Gurkenhobel hauchdünn schneiden.
2–3 rote Zwiebeln	in 2 mm dicke Ringe schneiden, in
1 EL Sonnenblumenöl	kurz andünsten, mit
2 EL Weinessig	ablöschen und vom Herd nehmen.
2–3 EL Balsamicoessig,	
3 EL Sonnenblumenöl,	
Galgant, Bertram	und
Salz	zu einer Marinade mischen und die Zwiebelringe untermengen.

Rote Rüben auf Tellern anrichten, die Marinade darüber verteilen, kurz ziehen lassen und das Ganze mit Dinkelbrot servieren.

Überbackener Schafkäse

Streuselmasse	
2 EL Butter	und
3 EL Brotbrösel	mit einer Gabel zu „Streuseln" zerdrücken.
2 EL gehackte Walnüsse,	
2 EL getrocknete Tomaten,	in Würfel geschnitten,
2 KL cremigen Blütenhonig,	
1–2 KL Zitronenzesten,	
½ TL Salz,	
2 Prisen Galgantpulver,	
2 EL gehackte Petersilie,	
1 KL gehackten Rosmarin	und
1 KL gezupften Thymian	dazugeben und mit der Streuselmischung vermengen.
400 g Schafkäse	in 1 cm dicke Scheiben schneiden, in eine Gratinform geben und mit der Streuselmasse bestreuen.

Bei 250 Grad unter dem Backofengrill 2 Minuten überbacken. Achtung: Verbrennt leicht!
Mit mariniertem Rucolasalat auf Tellern anrichten.

> Bereiten Sie die doppelte Streuselmasse zu und verwenden Sie diese in den darauffolgenden Tagen für einen Gemüsegratin (siehe Seite 100).

Aufstriche, Dips und Sonstiges

Selbst zubereitete Aufstriche, Saucen und Dips bieten ein ganz besonderes Geschmackserlebnis und sind eine willkommene Abwechslung bzw. Ergänzung zu Wurst und Käse. Unsere hier angeführten Lieblingsrezepte sind alle schnell zubereitet und gut auf Vorrat zu halten.

Kürbisaufstrich

4 Frühlingszwiebeln	in
1 EL Kürbiskernöl	kurz andünsten und auskühlen lassen.
150 g Topfen	mit
3 EL gehackten, gerösteten Kürbiskernen, 2 EL Kürbiskernöl,	
Galgant und Salz	gut verrühren und mit den Frühlingszwiebeln mischen.

Sehr dünn geschnittenes Dinkelbrot mit dieser Fülle bestreichen und aufeinanderschichten. In Quadrate oder Hälften schneiden und als Tramezzini servieren.

Gundelrebentopfen

1 Tasse Gundelrebe,	
3 Salbeiblätter	und
6 Basilikumblätter	fein schneiden und mit
250 g Ziegentopfen,	
1 EL Rahm	und mit
1 EL Sonnenblumenöl	glatt rühren. Mit
Salz, Galgant	und
Bertram	abschmecken.

Blütenbutter zum Grillen

200 g zimmerwarme	
Butter	cremig rühren und mit
Salz, Bertram, Griechenklee	und
Galgant	würzen.

1 Tasse Blüten nach Saison (Kapuzinerkresse, Ringelblumen, Veilchen, Gundelrebenblüten, Lavendelblüten, Rosenblätter, Gänseblümchen …) in Streifen schneiden und untermengen.
Butterbrotpapier mit einigen Blütenblättern bestreuen und die Buttermischung daraufgeben. Eine Rolle formen und im Kühlschrank fest werden lassen oder auf Vorrat einfrieren.

Gewürzbutter zum Grillen

200 g weiche Butter	cremig rühren und mit
Salz, Bertram, Galgant	und
Griechenklee	würzen.

1 Tasse Kräuter nach Saison (Petersilie, Ysop, Basilikum, Gundelrebe, Spitzwegerich, Löwenzahn …) in Streifen schneiden und untermengen. Butterbrotpapier mit einigen Kräuterblättern belegen und die Buttermischung daraufgeben. Eine Rolle formen und im Kühlschrank fest werden lassen oder auf Vorrat einfrieren.

Beide Buttermischungen eignen sich für alle Fleischsorten, für Gemüse wie Maiskolben oder Zucchini und als Brotaufstrich.

Kapernbutter für Fisch

200 g weiche Butter	cremig rühren und mit
Salz, Bertram, Galgant	und
Griechenklee	würzen.
2 EL gehackte Kapern,	
2 EL gehackte Petersilie	und
1 TL Zitronensaft	daruntermischen.

Butterbrotpapier mit einigen Petersilienblättern bestreuen und die Buttermischung daraufgeben. Eine Rolle formen und im Kühlschrank fest werden lassen oder auf Vorrat einfrieren.

Die Kapernbutter zu gegrilltem oder gebratenem Fisch servieren und auch zur Verfeinerung von Weißweinsaucen verwenden.

Bunte Dips

Grundsauce

1 kg Naturjoghurt	mindestens ½ Stunde durch ein mit einem Küchentuch ausgelegtes Sieb rinnen lassen. Dieses kompakte Joghurt mit
Galgant, Bertram	und
Salz	würzen und auf 3 Schüsseln aufteilen.

Kräuterdip

In die Grundsauce 2–3 EL gehackte Kräuter wie Petersilie, Schnittlauch, Basilikum, Schafgarbe, Gundelrebe, Liebstöckel oder Minze mischen und ½ Stunde ziehen lassen.

Kreuzkümmeldip

In die Grundsauce ½–1 KL Kreuzkümmel untermischen und ziehen lassen.

Currydip

In die Grundsauce 1 KL Currypulver und 1 Prise Gelbwurz untermischen und ziehen lassen.

Knoblauchdip

In die Grundsauce 1 feingehackte Knoblauchzehe untermischen und ziehen lassen.

Minzedip

In die Grundsauce 1 EL feingehackte Minze, am besten Poleiminze, untermischen und ziehen lassen.

Randigdip

Mit der Knoblauchpresse 1 Stück gekochten Randig in die Grundsauce drücken und frischen Kren dazureiben. Alles gut vermengen und ziehen lassen.

Suppen und warme Vorspeisen

Suppen und Eintöpfe als warme Vorspeisen sind leider aus der Mode gekommen, dabei bereiten sie sozusagen den Boden für die nachfolgenden Gerichte, indem sie den Magen „anwärmen" und den Stoffwechselprozess einleiten. Suppen haben viele Vorteile und gute Wirkungen: Sie sind einfach und schnell zuzubereiten, sie können lange im Voraus gekocht und warmgehalten werden, sie sind kalorienarm, sorgen für ein schnelleres Sättigungsgefühl und werden auch von Kindern gerne gegessen. Wir schätzen sie zudem als einfache, gesunde und wohltuende Abendmahlzeit.

Gemüsebrühe (pro Person)

150 g Gemüse	(Fenchel, Sellerie, Zwiebeln, Karotten ...) in
½ Liter Wasser	weich kochen und abseihen. Mit
Galgant, Bertram,	
Quendel, Ysop	und
Muskat	würzen und 5 Minuten köcheln lassen. Zum Schluss
gehackte Petersilie	oder Kräuter nach Wahl und wenig
Salz	dazugeben.

Das Gemüse nach Belieben pürieren und wieder in die Suppe geben oder z. B. 5 EL gekochte Dinkelkörner dazugeben.
Als Einlage für die Gemüsebrühe eignen sich Dinkelsuppennudeln, Dinkelgrießnockerl, Flädle, Maroniflädle (siehe Seite 110) und klein geschnittenes, gekochtes Gemüse.

Dinkelgrießnockerl

50 g weiche Butter	und
70 g Dinkelgrieß	trocken verrühren.
1 Ei	dazugeben, mit
Salz, Galgant	und
Muskatnuss	würzen und ½ Stunde ziehen lassen.

Sollte die Masse zu nass sein, etwas Dinkelgrieß beifügen, sollte sie zu trocken sein, noch etwas Butter zugeben. Mit einem Kaffeelöffel kleine Portionen abstechen und mit Hilfe der Handfläche Nockerl formen. Diese 20 Minuten in der Gemüsebrühe ziehen lassen.

Gebundene Gemüsesuppe

1 fein gehackte Zwiebel	in
1 EL Butterschmalz	gelb anrösten.
750 g gewürfeltes Gemüse	dazugeben und mitrösten,
2 EL Dinkelfeinmehl	darüberstreuen und ebenfalls mitrösten. Mit
1 Schuss Weißwein	ablöschen und mit
Wasser	aufgießen, bis das Gemüse bedeckt ist. Mit
Galgant, Bertram, Griechenklee, Ysop	und
Salz	würzen.

Alles weich kochen und mit dem Stabmixer pürieren. Nachwürzen und so viel Wasser nachgießen, bis die gewünschte Konsistenz erreicht ist. Ca. 150 ml Rahm dazugeben und nochmals aufmixen, damit ein cremiges „Schaumsüppchen" entsteht. Auf diese Art lassen sich alle Gemüsesorten zu einer Suppe verarbeiten.

Brennsuppe

3 EL Dinkelfeinmehl	in
2 EL Butterschmalz	unter ständigem Rühren dunkel anrösten. Mit einer kleinen Menge von
1 Liter Wasser oder Brühe	aufgießen und gut verrühren. Wenn keine Klümpchen mehr vorhanden sind, die restliche Flüssigkeit dazugießen und mit
Galgant, Bertram, Griechenklee, Muskat	und
Kümmel	würzen.

Noch 20 Minuten köcheln lassen. Auf Tellern anrichten und nach Belieben geröstete Brotwürfel oder geriebenen Käse darüberstreuen.

> Die Brennsuppe war früher ein beliebtes Essen. Zudem wurde sie gerne bei Darmerkrankungen als Diätmittel eingesetzt.

Ysophuhnsuppe

1 Suppenhuhn	waschen und vierteln.
3 Karotten,	
½ Knolle Sellerie	und
1–2 Zwiebeln	schälen und grob schneiden. Alle Zutaten mit
3 Liter kaltem Wasser	zum Kochen bringen. Mit viel
frischem Ysop,	
2 KL Ysoppulver,	
1 KL Galgant,	
1 KL Bertram,	
½ KL Griechenklee	und
etwas Salz	würzen. Die Suppe 3 Stunden köcheln lassen und bei Bedarf Wasser nachgießen.

Anschließend die Suppe abgießen, das Fleisch von den Knochen lösen und klein schneiden. Zurück in die Suppe geben, mit 2 feinst geschnittenen Karotten und Frühlingszwiebeln kurz aufkochen, nachsalzen und mit Dinkelsuppennudeln servieren.

> Dies ist eines der wenigen Rezepte, die Hildegard beschrieben und hinterlassen hat.

Dinkelgrießsuppe (pro Person)

1–2 EL Dinkelgrieß	in einer Pfanne trocken anrösten, mit
½ Liter Wasser	aufgießen und gut rühren, damit sich keine Klümpchen bilden. Mit
Galgant, Bertram,	
Quendel, Griechenklee,	
Muskatnuss	und
Salz	würzen und 10 Minuten köcheln lassen. Zum Schluss
gehackte Kräuter	dazugeben.

Käsesuppe mit Zimtcroutons

1 mittelgroße Zwiebel	fein hacken und in
1 EL Butterschmalz	goldgelb anrösten.
2 EL Dinkelfeinmehl	dazugeben und unter ständigem Rühren Farbe nehmen lassen. Mit
100 ml Weißwein	ablöschen und anschließend
ca. 700 ml Gemüsesuppe	dazugeben und 15 Minuten köcheln lassen.
150–200 g milden Bergkäse	(oder Emmentaler) und
200 ml Rahm	dazugeben und nochmals 3 Minuten köcheln lassen. Mit
Salz, Galgant	und
Muskatnuss	abschmecken, mit dem Stabmixer schaumig rühren und erst kurz vor dem Servieren pro Teller
1 EL Zimtcroutons	auf der Suppe verteilen.

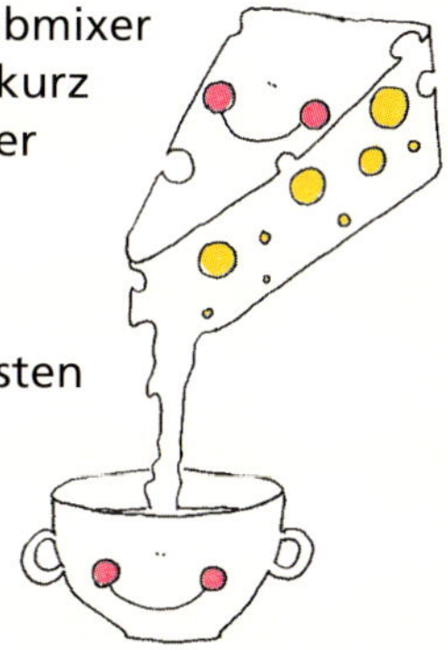

Zimtcroutons

1 Tasse Brotwürfel	in einer Pfanne trocken rösten und mit
Zimt	bestreuen.

Brennnesselcremesuppe

Brennnesselblätter	(so viele wie möglich) sammeln und in leicht gesalzenem Wasser kurz aufkochen. Die Blätter abseihen, kalt abschrecken (so behalten sie ihre grüne Farbe) und nochmals abseihen.
1 Zwiebel	in
1 EL Butterschmalz	gelb anrösten und
3 EL Dinkelfeinmehl	kurz mitrösten. Die
Brennnesseln	dazugeben und mit
ca. 1 Liter Fencheltee	(oder Wasser) aufgießen. Mit
Salz, Galgant, Quendel	und
Krauseminze	oder auch Poleiminze würzen. Die Suppe 10 Minuten köcheln lassen und pürieren. Zum Schluss
150 ml Rahm	dazugießen und alles nochmals kurz mixen.

Dinkeleintopf

1 Zwiebel	fein hacken und in
2 EL Butterschmalz	goldgelb anrösten.
2 Tassen Dinkelreis	dazugeben und kräftig mitrösten. Mit
1 Schuss Weißwein	ablöschen und mit
½ Liter Wasser	aufgießen. Mit
Salz, Galgant, Bertram, Griechenklee, Ysop, Quendel und Liebstöckel	kräftig würzen und 15 Minuten köcheln.
1 Karotte, 1 kleine Fenchelknolle	und
2 Stängel Stangensellerie	in Scheibchen schneiden und weitere 15 Minuten mitkochen. So viel
Wasser	dazugeben, bis die gewünschte Konsistenz erreicht ist.

> Dieser Eintopf ist ein wunderbarer Ersatz für die bekannte Gerstensuppe.

Randigschaumsuppe mit knusprigem Felchen

500 g Randig	waschen und in Wasser bissfest kochen. Dann schälen und grob würfeln.
1 Zwiebel	hacken und in
2 EL Butterschmalz	glasig dünsten. Den gewürfelten Randig dazugeben, mit
1 EL Mehl	bestäuben und kurz durchrösten. Mit
Salz, Galgant, Quendel	und
Griechenklee	kräftig würzen und mit
1 Schuss Weißwein	oder Sherry ablöschen.
1 Tasse Wasser	dazugeben und 10 Minuten köcheln lassen. Die Suppe pürieren und mit
600 ml Wasser	und
100 ml Rahm	aufgießen. Nochmals aufkochen und gut mixen, damit sie schön schaumig wird.

Auf angewärmten Tellern anrichten, mit einem Klacks Sahne dekorieren und knusprig gebratene Felchenstücke darauf verteilen.

Randig-Apfel-Suppe

1 rote Zwiebel	in
1 EL Butterschmalz	goldgelb anrösten.
500 g Randig,	gekocht und gewürfelt, mitrösten. Mit
Salz, Galgant, Bertram	und
Kümmel	kräftig würzen.
1 Msp. Rohrohrzucker	beifügen und mit
1 Schuss Weinessig	ablöschen.
½ Liter Wasser	dazugeben und 5 Minuten köcheln lassen.
1 Apfel,	entkernt und geschält, dazugeben und kurz mitkochen lassen. Die Suppe pürieren und mit so viel
Wasser	aufgießen, bis die gewünschte Konsistenz erreicht ist.
100 ml Rahm	untermengen,
1–2 EL Meerrettich (Kren)	dazureiben und die Suppe schaumig mixen.
2 Tassen gekochte Dinkelkörner	unterrühren.

Auf Tellern anrichten, einige Tropfen Rahm in die Mitte geben und kleinste Apfelstücke darauf verteilen.
Dieses Gericht schmeckt auch als Eintopf hervorragend. Dafür etwas weniger Wasser verwenden und mehr Dinkelkörner dazugeben.

Karottensuppe

1 große Zwiebel	hacken und in
1 EL Butterschmalz	goldgelb anrösten.
800 g Karotten	schälen, grob schneiden, zur Zwiebel geben und kurz mitrösten.
3 EL Dinkelvollmehl	dazugeben, alles gut durchrösten und mit
½ Liter Wasser	aufgießen. Mit
Galgant, Bertram, Griechenklee, Quendel	und
Salz	würzen und 20 Minuten köcheln lassen. Die Suppe mit dem Mixer pürieren, nochmals
½ Liter Wasser	und
50 ml Rahm	dazugeben, aufkochen lassen und schaumig mixen.

Karotten-Marillen-Suppe

1 kleine Zwiebel	fein hacken und in
1 EL Butterschmalz	gelb anrösten.
500 g Karotten,	grob geschnitten, miträsten, mit
3 Msp. Galgant,	
2 Msp. Bertram,	
2 Msp. Griechenklee,	
2 Msp. Salz	und
1 Msp. Gelbwurz	würzen und noch einmal kurz durchrösten. Mit
500 ml Wasser	aufgießen und weich kochen. Anschließend
150 g getrocknete Marillen	(2 Stück für die Dekoration zur Seite legen) in Streifen schneiden und dazugeben.
1 Spritzer Zitronensaft	und die geriebene Schale von
½ Zitrone	dazugeben, erneut salzen und eventuell noch Galgant hinzufügen. Die Suppe 5 Minuten köcheln lassen und dann pürieren. Nochmals
500 ml Wasser	dazugießen.

In Tellern anrichten und mit den beiden zur Seite gelegten und ganz fein geschnittenen Marillen sowie mit fein geschnittenen Melissenblättern dekorieren.

> Diese Suppe ist eine ideale Sommersuppe, denn sie kann auch gut als Kaltschale serviert werden.

> Karotten gehören zum Wurzelgemüse und verfügen durch ihr langsames Wachstum über viel gespeicherte Sonnenenergie.

Vegetarische Gerichte und Gemüse

Fleischlose Gerichte, je nach Rezept mit Nüssen, Samen, Kräutern, Käse usw. verfeinert, sind ihren Geschmack, ihre Bekömmlichkeit und ihren Nährwert betreffend absolut hochwertig. Sie nähren uns im besten Sinne des Wortes, denn sie liefern sowohl die Energie, die wir benötigen, als auch die Leichtigkeit, die wir uns alle wünschen.
Biogemüse besitzt den sechsfachen Nährwert von herkömmlich angebautem Gemüse. Das bedeutet, dass wir mit kleineren Mengen satt werden, und so auch Kosten und Kalorien sparen. Zudem hat Biogemüse eine höhere Lichtspeicherfähigkeit und eine größere Bioverfügbarkeit. Diese spielen in der modernen Ernährungswissenschaft eine zunehmend größere Rolle und sind mit der Subtilität (siehe Seite 14) vergleichbar, auf die Hildegard immer wieder hinweist.

Verwenden Sie die in den Rezepten angegebenen Gewürze wie Galgant, Bertram, Griechenklee, Kreuzkümmel usw., wenn nicht anders angegeben, immer in Pulverform.

Topinamburgemüse

600 g Topinambur	schälen und in
1 Liter Salzwasser	5–7 Minuten lang bissfest kochen.
	Das Gemüse abseihen, mit
Galgant, Bertram, Salz	und
1 Msp. Poleiminze	würzen und in der Pfanne schwenken.
1½ Tassen Dinkelbrotbrösel	in
2 EL Butterschmalz	bei mittlerer Hitze goldbraun rösten und das Gemüse in den Böseln wälzen.

Gekochten Topinambur kann man ausgezeichnet zu Püree und Suppen weiterverarbeiten. Tobinambur ist ein sehr nahrhaftes und eiweißreiches Sonnenblumengewächs, das früher in jedem Bauerngarten zu finden war. Es hält den Blutzuckerspiegel lange konstant und ist deshalb für Diabetiker besonders wertvoll.

Gefüllte Zwiebeln

8 mittelgroße rote Zwiebeln	schälen und oben am Stielansatz jeweils eine Scheibe abschneiden. In
1 Liter Salzwasser	7 Minuten kochen, abseihen und kalt abspülen. Zwiebeln aushöhlen und die äußeren Zwiebelschalen beiseitestellen. Den Rest hacken und in
1 EL Butterschmalz	anrösten.
100 g Shiitakepilze	fein schneiden und kurz mitrösten.
1½ Tassen gekochte Dinkelkörner	(siehe Seite 36) dazugeben, mit
100 ml Weißwein	ablöschen und mit
Galgant, Bertram	und
Salz	würzen.
Gehackte Petersilie	beifügen und alles gut vermengen.

Die Zwiebeln mit dieser Masse füllen und in eine gefettete Gratinform geben. Bei 180 Grad Heißluft 10 Minuten gratinieren. Bei Bedarf noch etwas Flüssigkeit dazugeben.

100 g Mozzarella	in 8 Scheiben schneiden, auf den Zwiebeln verteilen und im Ofen nochmals 10 Minuten gratinieren.

Die Zwiebel gilt als eines der ältesten Naturheilmittel. Hildegard weist auf ihre Heilkraft bei Rheuma hin. Um diese Wirkung zu entfalten, darf sie allerdings nur gekocht, gebraten oder gedünstet gegessen werden. Rohe Zwiebeln sind laut Hildegard „so schädlich und giftig wie der Saft von Unkräutern".

Rote Zwiebeln mit Galgantsauce

4 rote Zwiebeln	mit ca. 7 cm Durchmesser und wenn möglich noch mit Stielansatz schälen und unten gerade schneiden, damit sie gut „sitzen".

Jede einzeln in Alufolie wickeln und im Rohr bei 150 Grad ½ Stunde lang weich garen. Die roten Zwiebeln aus der Folie nehmen, den Deckel abschneiden und vorsichtig aushöhlen, sodass nur 2 Schichten als Wand übrigbleiben. Die herausgenommene Zwiebelmasse fein schneiden und mit

4 Frühlingszwiebeln,	in Streifen geschnitten, mischen. Mit
Salz, Galgant	und
Bertram	würzen.
Gehackte Petersilie	dazugeben und diese Mischung in die ausgehöhlten Zwiebeln füllen. Die Zwiebeldeckel daraufsetzen und für 4 Minuten ins heiße Rohr schieben.

Galgantsauce

⅛ Liter Wasser	aufkochen,
1 KL Galgantpulver	dazugeben und auf der ausgeschalteten Platte 10 Minuten ziehen lassen. Dann nochmals aufkochen, vom Herd nehmen und
80 g kalte Butterflocken	kräftig einrühren und
Salz	beifügen.

Die Zwiebeln auf Tellern anrichten und die Galgantsauce rund um die Zwiebeln verteilen. Mit gerösteten Sonnenblumenkernen bestreuen.

Pfiffiger Gemüsegratin

500 g Zucchini	
(oder Kürbis)	in Würfel schneiden und in
1 EL Butterschmalz	knackig dünsten. Mit
Galgant, Bertram	und
Salz	würzen und in eine Gratinform geben.
150 g Fetakäse	auf dem Gemüse verkrümeln und
3 EL Streuselmasse	(siehe Seite 78) darübergeben. Das Ganze 10 Minuten gratinieren.

Kichererbsenbratlinge

500 g gekochte Kichererbsen	(siehe Seite 37) in der Küchenmaschine nicht zu fein zerkleinern.
2 mittelgroße Zwiebeln	fein hacken, in
1 EL Butterschmalz	anrösten und zu den Kichererbsen geben. Außerdem
2 Eier, 2 EL Dinkelfeinmehl, Galgant, Bertram, Kreuzkümmel, Salz	und
gehackte Petersilie	beifügen und alles gut vermengen. Laibchen formen, fest zusammendrücken und bei mittlerer Hitze in
Butterschmalz	oder Sonnenblumenöl auf beiden Seiten goldgelb braten. Dazu passt Salat, Gemüse oder ein Knoblauchdip.

Die Kichererbse ist eine Hülsenfrucht, die wertvolles pflanzliches Eiweiß enthält und stimmungsaufhellend wirkt. Kichererbsenschalen können zu Blähungen führen, mit Gewürzen wie Galgant, Fenchel oder Ackerminze kann dem entgegengewirkt werden.

Kichererbsentaler

500 g gekochte Kichererbsen	(siehe Seite 37) in der Küchenmaschine pürieren.
3 Eier	hellgelb schlagen, mit
Salz, Galgant, Bertram	und
Kreuzkümmel	(nach Belieben) kräftig würzen und
gehackte Petersilie	und
100 g Weichkäse,	gewürfelt, untermengen. Bratlinge formen und in
1 EL Butterschmalz	bei milder Hitze von beiden Seiten goldbraun braten. Mit einem Joghurtdip und Salat servieren.

Kichererbseneintopf

1 Zwiebel	hacken und in
1 EL Butterschmalz	goldgelb dünsten.
1 gehackte Knoblauch-zehe	dazugeben und mit
1 Schuss Weinessig	ablöschen.
½ Liter Wasser	und
500 g gekochte Kichererbsen	(siehe Seite 37) dazugeben. Mit
Galgant, Bertram, Ysop, Griechenklee und Salz	kräftig würzen und aufkochen lassen.

> Am besten gleich die doppelte Menge zubereiten und am nächsten Tag verdünnt als Suppe servieren oder einfrieren. Mit dem Stabmixer pürieren und mit so viel Wasser aufgießen, bis die gewünschte Konsistenz erreicht ist.

2 Tassen gekochte Dinkelkörner,	
½ Tasse gekochte Kichererbsen,	
1 Karotte,	in feine Scheiben geschnitten,
1 Stück Stangensellerie	und
1 Stück Hirschwurst,	jeweils in Scheibchen geschnitten, dazugeben und in Tellern anrichten.
1 KL Pesto	in die Mitte eines jeden Tellers geben.

Kichererbsenfladen

250 g Kichererbsenmehl	mit einem Teil von
500 ml Wasser	gut verrühren. Sobald keine Klümpchen mehr vorhanden sind, den Rest des Wassers und
1 TL Salz	dazugeben. Den Teig ½ Stunde, besser noch länger rasten lassen.

Den Ofen auf höchster Stufe (wenn möglich Umluft) vorheizen. Zwei Backbleche gut einölen und im Ofen heiß werden lassen. Sobald das Öl zu riechen beginnt, die Bleche herausnehmen, leicht schief halten und den Teig etwa 2–3 mm dick auf die beiden Bleche rinnen lassen.
Die Kichererbsenfladen im Rohr bei höchster Temperatur 10 Minuten backen. Die Fladen danach sofort in kleine Stücke teilen, vom Blech nehmen, nach Belieben mit langem Pfeffer oder mit Kreuzkümmel bestreuen und noch heiß servieren.

> Dieses Rezept ist in Südfrankreich als Socca bekannt und war früher eine günstige Zwischenmahlzeit. Heute ist es eine typische regionale Spezialität.

Gemüse in Bierteig

Bierteig	
2 Eier	und
100 g Dinkelfeinmehl	mit
120 ml Bier	glatt rühren.
1 Prise Salz	dazugeben, mit
Galgant	und
Bertram	würzen. Den Teig mindestens 20 Minuten rasten lassen.
400 g Gemüse	(Zucchini, Blumenkohlröschen, Stangensellerie, Kohlrabi) in mundgerechte Stücke schneiden, in Bierteig tauchen und in nicht zu heißem Butterfett goldbraun braten. Auf Küchenkrepp abtropfen lassen und mit einem Joghurtdip (siehe Seite 84) bestreuen.

Grützebällchen

1 Zwiebel	fein hacken und in
1 EL Butterschmalz	anrösten.
1 gehackte Knoblauchzehe	ganz kurz mitrösten und alles überkühlen lassen.
500 g gekochte Dinkelgrütze, ½ Tasse Rosinen, ½ Tasse geröstete Pignolienkerne, 1 Ei, ½ Tasse gehackte Kräuter	(Quendel, Minze, Petersilie, Ysop ...),
Salz, Galgant, langen Pfeffer	und nach Belieben auch
Kreuzkümmel	miteinander mischen und zum Schluss noch
2–3 EL Semmelbrösel	zum Binden untermengen.

Kleine Bällchen (oder Laibchen) formen und in Butterschmalz bei mittlerer Hitze von allen Seiten anbraten. Zum Grillen Laibchen formen oder die Bällchen auf Spieße stecken.

Zucchiniröllchen

5 kleine Zucchini	längs in ½ cm dünne Scheiben schneiden. Mit
Sonnenblumenöl	auf beiden Seiten einstreichen. In einer Pfanne von beiden Seiten kurz, aber kräftig anbraten und darauf achten, dass sie elastisch bleiben. Aus der Pfanne nehmen und mit
Galgant, Bertram	und
Salz	würzen.

Fülle

100 g Ziegentopfen	oder Ziegenfrischkäse mit
gehackter Minze	und
1 Prise Griechenklee	mischen und auf den Zucchinischeiben verteilen. An jedes Ende einer Zucchinischeibe
1 Stück Karotte	und
1 Minzeblatt	so legen, dass es auf einer Seite vorsteht. Von dieser Seite her aufrollen und mit einem Zahnstocher zusammenhalten.

Zucchinifässchen

4 mittelgroße Zucchini	in 3 cm lange Stücke schneiden und auf beiden Schnittflächen in
Butterschmalz	anbraten.

Die Zucchinistücke mit einem Apfelausstecher so aushöhlen, dass noch ein Rand von ½ cm bleibt. Das ausgehöhlte Zucchinifleisch unter folgende Füllung mischen:

Fülle

2 Tassen gekochte Dinkelgrütze,	
½ Tasse Rosinen,	
½ Tasse geröstete Pinienkerne,	
1 EL gehackte Petersilie,	
1 EL gehackte Minze,	
Salz, Galgant,	
langen Pfeffer	und
1 Prise Zimt	mischen.

Diese Fülle in die ausgehöhlten Zucchini füllen und gut andrücken. Zucchini dicht aneinander in eine gebutterte Gratinform geben und die restliche Fülle am Rand der Form dazufügen.
Mit Ziegenkäsescheibchen oder Mozzarellastücken belegen und bei 160 Grad Umluft 12 Minuten gratinieren.

Gefüllte Zucchini vom Grill

4 kleine Zucchini	halbieren, mit
Salz, Bertram	und
Galgant	würzen und in
1 EL Butterschmalz	auf der Schnittfläche kurz anbraten. Die Zucchini aushöhlen. Das Fruchtfleisch hacken und mit
100 g Fetakäse	und mit klein gehackter
Pfefferminze	vermengen.

Diese Masse in die ausgehöhlten Zucchini füllen, diese mit Zahnstochern zusammenstecken und von allen Seiten auf dem Grill anbraten.

Kräutertopfenstrudel

	Strudelteig zubereiten (siehe Seite 210)

Fülle

2 Eidotter,	
250 g Topfen,	
Salz, Galgant	und
Muskatnuss	schaumig rühren und den Schnee von
2 Eiklar	unterheben.
Strudelteig	auf einem Küchentuch ausrollen bzw. ausziehen. Zuerst die Topfenmasse auf 2/3 des Teiges verteilen und dann
Wildkräuterfülle	(siehe unten) darübergeben. Den Strudel aufrollen, mit
Milch oder Wasser	bestreichen und bei 180 Grad etwa 40 Minuten backen.

Wildkräuterfülle – Grundrezept

1 kleine Zwiebel	fein hacken und in
1 EL Butterschmalz	goldgelb anrösten.
2 Tassen gehackte Kräuter	(z. B. Brennnessel, Löwenzahn, Minze, Melde, Gundelrebe, Wegerich …) kurz mitrösten und mit
1 Schuss Weißwein	ablöschen. Mit
Galgant	und
Salz	abschmecken.

Dinkelrisotto

2 Tassen Dinkelreis	in ein Sieb geben, unter fließendem Wasser abspülen und abtropfen lassen.
1 Zwiebel	fein schneiden und in
1 EL Öl oder Butterschmalz	glasig dünsten. Den Reis dazugeben und alles zusammen kurz durchrösten. Mit
100 ml Weißwein	ablöschen und mit
Salz, Galgant,	
Bertram, Quendel	und
Griechenklee	würzen.
4 Tassen Wasser	portionenweise dazugeben und den Dinkelrisotto 20 Minuten köcheln lassen. Immer wieder umrühren und eventuell noch etwas Wasser dazugeben. Zuletzt
1 EL kalte Butter	und etwas
Parmesan	unterrühren, so wird der Risotto schön cremig. Darauf achten, dass der Risotto nicht mehr weiterkocht!

Variante 1

1 Tasse frisch gehackte Kräuter, z. B. Gundelrebe, Löwenzahn, Petersilie oder Brennnesseln, unterrühren.

Variante 2

10 Minuten vor Kochende gewürfelten Fenchel oder Shiitakepilze dazugeben und den Risotto, wie oben beschrieben, fertig kochen.

Dinkelreis (= geschälter Dinkel) ist schon nach 15–20 Minuten gar. Er ist sehr leicht verdaulich. Risotto sollte feucht sein und „Biss" haben. Sie können Risotto auch mit Dinkelkorn zubereiten, dann erhöht sich die Kochzeit auf 45–50 Minuten.

Maroniomeletten mit Varianten

4 EL Dinkelfeinmehl,	
2 EL Maronimehl,	
400 ml Milch	(für Allergiker Ziegenmilch),
2 Eier,	
½ KL Salz	und
1 Prise Galgant	gut verquirlen und ½ Stunde quellen lassen. In wenig
Butterschmalz	dünne Omeletten backen.

Als Suppeneinlage

Die Omeletten auskühlen lassen und in feine Streifen schneiden.

Mit pikanter Füllung

Mozzarella in Würfel schneiden, mit Galgant, Quendel und Salz würzen und in die Omeletten einrollen. Diese in eine gebutterte Gratinform legen und mit Alufolie abdecken. Bei 180 Grad 10 Minuten gratinieren.

Mit Wildkräuterfüllung

2 Tassen Wildkräuter fein schneiden und mit 250 g Ziegentopfen vermengen. Mit Salz, Galgant und Bertram würzen und auf die Omeletten streichen.

Mit süßer Füllung

Eine ausgezeichnete Geschmackskombination ergibt sich mit Quittenmarmelade oder Quittengelee. Aber auch Kirschenmarmelade oder Maronipüree unterstreicht den milden Geschmack dieser Maroniomeletten.

Maronibraten

2 Zwiebeln	hacken und in
1 EL Butterschmalz	goldgelb andünsten.
1 KL Quendel,	
½ KL Bertram	und
½ KL Galgant	dazugeben und kurz mitrösten. Mit
½ KL Griechenklee,	
1 KL Hildegard-Suppenwürze	und
Salz	abschmecken und 10 Minuten köcheln lassen.
500 g gekochte Maroni	und so viel
Rotwein oder Wasser	hinzufügen, dass das Kochgut bedeckt ist.
400 g Austern- oder Shiitakepilze	in
1 EL Butterschmalz	andünsten und zur Maronimasse geben. Die gesamte Masse etwas abkühlen lassen und in der Küchenmaschine pürieren.
2 Eier	mit
2 EL Sauerrahm	verquirlen,
3 EL gehackte Petersilie	untermengen und gemeinsam mit
200 g gemahlenen Mandeln	unter die Maronimasse rühren. Eventuell nachwürzen.

Eine Kastenform mit Sonnenblumenöl auspinseln, mit Backpapier auslegen, auch dieses etwas einölen und die Masse einfüllen. Bei 160 Grad Heißluft auf mittlerer Schiene ½ Stunde backen.

Der Maronibraten schmeckt auch kalt ausgezeichnet.

Gekochte Maroni erhalten Sie mittlerweile als Tiefkühlprodukt oder vakuumverpackt. Sie können Maroni aber auch selbst auf Vorrat braten, schälen und tieffrieren.

Maronispätzle

400 g Dinkelfeinmehl,
50 g Maronimehl,
2 Eier,
250 ml Wasser,
1 KL Salz,
1 KL Quendel
½ KL Galgant

und
zu einem zähen Teig verrühren und diesen ½ Stunde rasten lassen. Danach den Teig in reichlich Salzwasser „spätzeln". Die Spätzle 2 Minuten ziehen lassen und abseihen.

Variante 1

Die Spätzle auf den Teller geben, mit gehackten, gerösteten Walnüssen bestreuen und gebräunte Butter darübergießen.

Variante 2

Die Spätzle auf den Teller geben, pro Portion 5 Salbeiblätter in 3 EL Butter bräunen und über den Spätzle verteilen.

Variante 3

Die Spätzle in eine gebutterte Auflaufform geben, mit Butterflocken und mildem, geriebenem Gouda oder Emmentaler bestreuen und bei 160 Grad kurz im Rohr überbacken.

Zitronenspaghetti (für 2 Personen)

2 EL Pinienkerne	in der Pfanne ohne Fett anrösten.

> Am besten gleich eine größere Menge Pinienkerne auf Vorrat machen, auskühlen lassen und in einem Marmeladenglas aufbewahren.

Dinkelspaghetti	bissfest kochen und in
1 EL zerlassener Butter	in einer Pfanne schwenken.

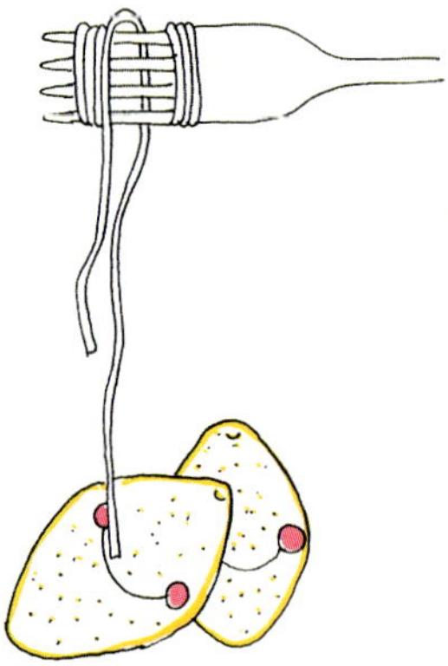

Sauce	
200 g Sauerrahm,	Saft und Zesten von
½ Zitrone,	
1 Prise Galgant,	
1 Prise Griechenklee	und
1 Prise Salz	zusammen erhitzen und 5 Minuten nur leicht köcheln lassen. Zum Schluss
3 Blätter Zitronenmelisse	fein schneiden und unter die Sauce geben.

Die Spaghetti auf angewärmten Tellern anrichten, die Zitronensauce darauf verteilen und mit gerösteten Pinienkernen bestreuen.

Spinat auf italienische Art

2 EL Pinienkerne	in der Pfanne ohne Fett anrösten.
½ Tasse Rosinen	in Wasser einweichen.
1 kg frischen Blattspinat	waschen und tropfnass in einen großen Topf geben. Den Spinat kurz erhitzen, damit er zusammenfällt. Dann in ein Sieb geben und abtropfen lassen. In einer großen Pfanne
2 EL Sonnenblumenöl	erhitzen und
2 EL Butter	darin zergehen lassen.
3 Knoblauchzehen	halbieren und die Keimlinge entfernen. Die Zehen bei milder Hitze, unter Rühren, Farbe nehmen lassen und danach herausnehmen. Den abgetropften Spinat und die ausge-

	drückten Rosinen in die Pfanne geben und 8 Minuten bei milder Hitze garen lassen, dabei öfters umrühren. Mit
Salz, Galgant	und
Muskatnuss	würzen. Zum Schluss die Pinienkerne und den
Knoblauch	dazugeben.

> Dieses Rezept schmeckt zu Fleischgerichten ausgezeichnet, kann aber auch als vegetarische Hauptspeise serviert werden.

Spinatnocken

600 g frischen Blattspinat	waschen und tropfnass in einem weiten Topf erhitzen und zusammenfallen lassen. Auskühlen lassen, ausdrücken und fein schneiden.
1 große Zwiebel	hacken und in
1 EL zerlassener Butter	glasig dünsten. Den Spinat untermischen, kurz mitrösten und abkühlen lassen.
150 g Topfen	mit
50 g Parmesan	(gerieben) verrühren,
2 Eier	und
1 Eigelb	untermengen und kräftig mit
Salz, Galgant, Bertram	und
Muskatnuss	würzen. Den Spinat dazugeben und nach und nach
200 g Dinkelfeinmehl	einarbeiten. Alle Zutaten zu einem glatten Teig rühren.

Mit 2 Esslöffeln Nocken formen und diese in kochendes Salzwasser (großer Topf) geben. Die Hitze reduzieren und die Nocken ziehen lassen, bis sie an der Oberfläche schwimmen. Auf angewärmten Tellern anrichten, zudem

3 EL zerlassene Butter	und
50 g geriebenen Parmesan	darüber verteilen.

Spinatspätzle

300 g Blattspinat	dünsten, fein passieren und mit
500 g Dinkelmehl,	
50 g Dinkelgrieß,	
4 Eiern,	
Salz	und
Galgant	mischen. Einen Spätzleteig bereiten und diesen ½ Stunde rasten lassen.

Spätzle in reichlich Salzwasser hobeln, abgießen und in eine Auflaufform schichten.

50 g Butterflocken,	
200 g geriebenen Käse	und
100 g Zwiebelringe	darauf verteilen, bei 180 Grad Heißluft gratinieren.

Zweierlei Selleriegemüse mit Honig

200 g Stangensellerie	und
400 g Knollensellerie	in ½ cm dicke und 4 cm lange Streifen schneiden.
1 kleine Zwiebel	fein hacken und in
3 EL Sonnenblumenöl	glasig dünsten, die Selleriestreifen beifügen,
1–2 EL flüssigen Honig	daruntermengen, mit
Salz, Galgant	und
Bertram	würzen. Das Gemüse bei kleiner Hitze ca. 1 Stunde (!) langsam weich dünsten und vor dem Servieren mit
gerösteten Sesamsamen	bestreuen.

Dieses Gemüse passt zu kurz gebratenem Fleisch oder als „Gemüsetoast“ auf geröstetes Dinkelweißbrot. Bei diesem Rezept ist das langsame Dünsten wichtig.

> Nach Hildegards Subtilitätenlehre sollte Sellerie nur gekocht gegessen werden. Cholerischen Menschen rät sie von Sellerie ab.

Spinat-Brot-Nocken

250 g Dinkelweißbrot	(altbacken) in kleine Würfel schneiden und in eine Schüssel geben. Mit
150 ml Milch	übergießen, mit
Galgant, Bertram, Muskatnuss	und
Salz	würzen und 2 Stunden ziehen lassen.
500 g Blattspinat	in viel kochendes
Salzwasser	geben, einmal aufkochen lassen, abseihen und sofort in kaltem Wasser abschrecken. Abseihen, gut ausdrücken und ganz fein schneiden. Spinat mit
2 Eiern	und
5 EL Dinkelfeinmehl	unter die Brotmasse mischen und kräftig verkneten. Nachwürzen und die Masse 15 Minuten ziehen lassen.

Mit einem Esslöffel kleine Portionen abstechen und diese jeweils so gegen eine nasse Hand drücken, dass kompakte Nocken entstehen. Die Nocken in einen großen Topf mit kochendem Salzwasser geben und 5 Minuten ziehen lassen (nicht kochen!). Auf angewärmten Tellern anrichten, mit

Salbeibutter	übergießen und mit
100 g geriebenem Bergkäse	bestreuen.

Salbeibutter

80 g Butter	mit
12 Salbeiblättern	langsam, bei mäßiger Hitze, braun werden lassen.

Italienischer Strudel

Strudelteig

300 g Dinkelfeinmehl	mit
1 Ei,	
3 EL Sonnenblumenöl	und je
1 Prise Salz	und
Zucker	zu einem glatten Teig verarbeiten.

Italienische Füllung

1 kg Spinat	blanchieren, abseihen und kalt abschrecken.
1 Zwiebel	oder einen Bund Frühlingszwiebeln fein schneiden und in
1 EL Butterschmalz	kurz andünsten. Auskühlen lassen. Den Spinat mit den Zwiebeln,
500 g Ricotta	oder Mozzarella,
150 g Parmesan,	
4 Eigelb,	
Galgant, Bertram,	
Muskat, Salz	und dem
Saft von 1 Zitrone	mischen.

Den Strudelteig auf einer großen bemehlten Arbeitsfläche vorsichtig, aber zügig ausziehen und die Füllung darauf verteilen. Den Strudel einrollen, mit Ei bestreichen und bei 170 Grad 30 Minuten backen. Dazu Salbeibutter servieren:

Salbeibutter

100 g Butter	mit
20 Salbeiblättern	bei kleiner Hitze bräunen.

Kürbisröstinchen

500 g Kürbis	grob raffeln, einsalzen, 20 Minuten stehen lassen und dann durch ein Küchentuch drücken. Die ausgedrückte Masse mit
2 Eiern,	
80 g gehackten, gerösteten Kürbiskernen,	
2 EL Salbei,	in Streifen geschnitten,
2 Msp. Salz,	
2 Msp. Galgant,	
2 Msp. Bertram	und
1 Msp. Muskatnuss	mischen. Die Masse in kleinen Portionen und bei mittlerer Hitze in
Sesamöl	auf jeder Seite 5 Minuten goldbraun braten.

Dazu serviert man am besten Endiviensalat oder Blattsalat mit Himbeerdressing.

Kürbis-Orangen-Gemüse

2 kleine rote Zwiebeln	in feine Ringe schneiden und in
1 EL Butterschmalz	glasig anbraten.
1 Knoblauchzehe,	gehackt, und
500 g gewürfelten Kürbis	(Muskat oder Hokkaido) kurz anbraten, mit
1 Msp. Galgant,	
1 Msp. Muskatnuss,	
1 Msp. geriebener Zitronenschale	und
2 Msp. Salz	würzen. Mit
1 Schuss Weißwein	ablöschen und mit
⅛ Liter Orangensaft	aufgießen und knackig weich köcheln lassen. Ganz zum Schluss einige enthäutete
Orangenspalten	dazugeben und diese nur warm werden lassen, nicht kochen.

Das Gemüse auf Tellern anrichten und nach Belieben mit einigen Tropfen Kürbiskernöl beträufeln.

Kürbistaler

500 g Kürbis	und
100 g Zwiebeln	zusammen grob raffeln, salzen und in Wasser ziehen lassen. In einem Tuch ausdrücken (wichtig!) und die trockene Masse in Öl kurz anrösten.
100 g Weichkäse	würfeln, mit
100 ml Milch	und
4 Eiern	vermengen.
100 g Dinkelmehl	unterrühren und die abgekühlte Kürbismasse dazugeben. Mit
Salz, Galgant	und
Bertram	würzen.

Die Masse löffelweise in Öl herausbraten und mit einem Knoblauchdip servieren.

> Dieses Rezept lässt sich auch vorzüglich mit Zucchini zubereiten. Die geraffelte Masse allerdings ohne Anrösten weiterverarbeiten.

Knoblauchdip

500 g Joghurt	durch ein in ein Sieb gelegtes Tuch rinnen lassen.
2 Knoblauchzehen	fein hacken und
Salz	dazugeben.
Gehackte Pfefferminze	(nach Belieben) daruntermischen und 1 Stunde ziehen lassen.

> Kürbisse enthalten jede Menge Ballaststoffe für die Verdauung und Eisen für die Blutbildung. Sie wachsen sehr langsam und bleiben viele Monate auf dem Feld. Dadurch speichern sie viel Sonnenlicht, das uns über die Nahrung zu mehr Energie verhilft.

Kürbiscurry

1 gehackte Zwiebel	in
2 EL Butterschmalz	glasig werden lassen.
2 Knoblauchzehen,	gehackt, und
2–4 KL Currymischung	(siehe Seite 43f.) dazugeben und kurz durchrösten.
600 g Kürbisfleisch,	in Würfel geschnitten, mitrösten, mit
1 Tasse Wasser	ablöschen und das Ganze 10 Minuten bei kleiner Hitze dünsten. Auf Tellern anrichten und mit gehackten Walnüssen bestreuen.

Nach Belieben Rosinen mitkochen oder zum Schluss Weintrauben und Äpfel mitdünsten. Das Kürbiscurry kann auch mit gewürfeltem, angebratenem Fleisch als Eintopf serviert werden.

Gnocchi vom Blech

1 Liter Milch	und
1 EL Salz	aufkochen lassen.
220 g Dinkelgrieß	unterrühren und auf der ausgeschalteten Herdplatte bei geschlossenem Deckel 12 Minuten quellen lassen. Danach
50 g Butter, 2 Eier, 2 EL geriebenen Käse, je 2 Msp. Muskatnuss, Galgant	und
Bertram	unter die warme Masse rühren.

Diese Masse auf ein gefettetes Blech streichen, mit flüssiger Butter bestreichen und mit Reibkäse oder Parmesan bestreuen. 3–4 Stunden kühl stellen.
Mit einem Messer Rauten oder Quadrate in die Masse schneiden und das Ganze im heißen Rohr 15–20 Minuten überkrusten lassen.
Die „Gnocchi vom Blech“ mit Salat oder mit einer Sauce nach Wahl („Rote Sauce“ siehe Seite 43) servieren.

Grützegemüse

300 g Gemüse	(nach Belieben) in feine Streifen schneiden und mit
1–2 EL Butterschmalz	kurz anrösten. Mit
Galgant, Bertram	und
Salz	würzen und
gehackte Kräuter	untermengen.
500 g ausgekühlte Grütze	(siehe Seite 36f) dazugeben und so lange weiterrösten, bis die gewünschte Konsistenz erreicht ist.

Grützeriebel

800 g ausgekühlte Grütze	in
3 EL Butterschmalz	bei mittlerer Hitze anrösten. Mit
Rohrohrzucker	bestreuen und mit
Apfelmus	servieren.

Langes Rösten macht den Riebel knusprig, die Zugabe von etwas Rahm macht den Riebel weich.

Grützefüllung

2 Tassen Dinkelgrütze,	gekocht, mit
½ Tasse Rosinen,	
½ Tasse gerösteten Pinienkernen,	
1 EL gehackter Petersilie,	
1 EL gehackter Minze,	
Salz, Galgant,	
langem Pfeffer	und
1 Prise Zimt	mischen.

Grützefüllung zum Füllen von Gemüse wie Zucchini, Kürbis, Zwiebeln usw. verwenden.

Karamellisierter Fenchel

4 kleine Fenchelknollen 50 g Butter	halbieren, in je 4 Teile schneiden und in portionenweise von allen Seiten anbraten. Aus der Pfanne nehmen.
150 ml Gemüsebrühe, 50 ml Weißweinessig, 70 g Rohrohrzucker, 2 EL frischen Quendel	(oder 1 EL getrockneten, gerebelten Quendel) und
Salz	dazugeben und unter Rühren einköcheln lassen, sodass eine sämige Sauce entsteht. Den Fenchel dazugeben und noch kurz mitkochen.

Gebratener Fenchel

4 Fenchelknollen	halbieren und so in ½ cm dicke Streifen schneiden, dass der Strunk die Blätter hält. In
1 EL Sonnenblumenöl	bei starker Hitze portionenweise scharf anbraten, Farbe nehmen lassen und auf eine Platte geben und salzen.
1 KL Fenchelsamen	und
1 KL Koriandersamen	im Mörser zerstoßen und in der Pfanne kurz anrösten. Mit
2 EL Balsamicoessig	(weiß) ablöschen, den Fenchel zurück in die Pfanne geben, durchschwenken und wieder zurück auf die Platte legen. Mit
Fenchelgrün	bestreuen.

Beim Grillen die Fenchelscheiben mit Öl beträufeln und auf den Rost legen. Vor dem Servieren mit den Gewürzen bestreuen.

Gut zum Grillen eignen sich auch Zucchinischeiben, die der Länge nach in ½ cm dicke Scheiben geschnitten werden. Einölen und mit Galgant und Salz würzen.

Randig-Karotten-Ragout

500 g Karotten	schräg in Scheiben schneiden,
2 rote Zwiebeln	in grobe Ringe schneiden und zusammen in
1 EL Butterschmalz	andünsten. Mit
Galgant, Bertram, Salz, Zimt	und
Muskatnuss	würzen. Mit
100 ml Wasser oder Brühe	aufgießen und mit
1 KL Zitronensaft	weich dünsten. In einer separaten Pfanne
500 g gekochten, gewürfelten Randig	in
1 EL Butterschmalz	kurz dünsten. Mit
Galgant, Bertram	und
Salz	würzen und mit
100 ml Wasser	oder Rahm aufgießen. Kurz ziehen lassen und kurz vor dem Servieren mit den Karotten mischen. Mit gehackter Petersilie bestreuen.

Quitten-Apfel-Laibchen

3 EL Dinkelflocken, 3 EL Dinkelmehl, 2 Eier	und
50 ml Wasser	zusammenmischen und mit
Salz, Galgant	und
Bertram	würzen. ½ Stunde ziehen lassen.
200 g rohe Quitten, 200 g Äpfel	und
200 g Karotten	dazuraffeln und mischen.
1 EL Butterschmalz	in einer Pfanne erhitzen und jeweils einen Esslöffel der Mischung in die Pfanne geben und flachdrücken. Bei mittlerer Hitze auf beiden Seiten anbraten und in eine Gratinform oder auf ein Kuchenblech legen.
50 g Gorgonzola	zerdrücken und mit
50 g Sauerrahm	mischen.

Auf jedes Laibchen einen Klacks Gorgonzolarahm geben und im Backrohr kurz überbacken bzw. grillen. Mit Salat servieren.

Mangold mit Frühlingszwiebeln

500 g Mangold	waschen und die Stiele von den Blättern trennen.
1½ Liter Salzwasser	mit
3 Scheiben Zitrone	und
1 KL Rohrohrzucker	zum Kochen bringen. Die Mangoldstiele 5 Minuten kochen lassen, dann die Mangoldblätter dazugeben und eine weitere Minute kochen lassen. Den Mangold abseihen und kalt abschrecken.
2 EL Butterschmalz	in einer Pfanne erhitzen.
1 Knoblauchzehe,	ohne Keimling, fein hacken und ganz kurz miträsten. Den grob geschnittenen Mangold dazugeben.
1 Bund Frühlingszwiebeln	in 5 cm lange Stücke schneiden und ebenfalls kurz mitrösten. Mit
Galgant, Bertram	und
Salz	würzen und mit
50 ml Weißwein	oder Wasser ablöschen. Noch kurz dünsten lassen und anschließend servieren.

Dieses Rezept passt ausgezeichnet zu gebratenen Austernpilzen, kurz gebratenem Fleisch oder Fisch.

> Mangold ist eine köstliche Variante zu Spinat und sorgt für vitamin- und mineralstoffreiche Mahlzeiten. Er ist ein „Grünkraft-Gemüse" und stärkt die Nerven.

> Wird der Mangold gemeinsam mit Zitronenscheiben blanchiert, verliert er den bitteren Geschmack.

Maroni-Mangold-Lasagne

Omeletten zubereiten (siehe Seite 110).

Mangold-Fülle

500 g Mangold	in
Salzwasser,	dem man
1 KL Zucker	und
1 Scheibe Zitrone	beigefügt hat, blanchieren. Den Mangold abseihen, kalt abschrecken, gut ausdrücken und in Streifen schneiden.
1 Zwiebel	fein hacken und in
1 EL Butterschmalz	goldgelb andünsten.
1 Knoblauchzehe	fein hacken und kurz mitrösten.
Mangold	dazugeben, mit
Galgant, Bertram, Quendel, Ysop	und
Salz	würzen und kurz dünsten.

Béchamel-Sauce

3 EL Dinkelmehl	mit
wenig Milch	in einer Pfanne verrühren, bis keine Klümpchen mehr vorhanden sind. Mit
200 ml Milch	verdünnen und unter ständigem Rühren köcheln, bis eine sämige Sauce entsteht. Mit
Salz, Galgant, Bertram	und
Muskat	würzen und ca. 15 Minuten köcheln lassen. Eventuell noch etwas Wasser oder Milch dazugeben.

Eine Auflaufform mit Butter ausfetten, schichtweise Maroniomelette, Mangold und Béchamel hineingeben. Mit Béchamel abschließen, etwas Reibkäse oder gewürfelte Mozzarella darauf verteilen und die Maronilasagne bei 160 Grad 15 Minuten backen.

> Als Fülle kann auch Spinat oder anderes Gemüse verwendet werden. Die Stängel des Stielmangolds können wie Spargel zubereitet werden.

Kräuterravioli

Nudelteig nach Grundrezept (siehe Seite 210) zubereiten.

Ravioli-Fülle
250 g Topfen,
2 EL Sauerrahm,
1 Tasse gehackte
frische Kräuter (Petersilie, Basilikum, Quendel, Ysop ...),
Galgant, Bertram
Salz und
gut vermischen.

Gebräunte Butter
100 g Butter bei geringer bis mittlerer Hitze langsam schmelzen, bis sie bräunt. Das bewirkt den typisch nussigen Buttergeschmack.

Die Hälfte des Nudelteigs auf der gut bemehlten Arbeitsfläche auswalken, immer wieder zusammenlegen, auswalken und zuletzt den Teig dünn ausrollen. Die zweite Teighälfte ebenso verarbeiten. Den Teig in 7 cm breite Streifen schneiden und alle 5 cm einen Kaffeelöffel Fülle setzen. Den Rand und die Zwischenräume mit Wasser bepinseln und ein zweites Teigblatt darüberlegen. Die Ränder zusammendrücken, damit keine Luft eingeschlossen wird. Mit dem Teigrad oder Messer Ravioli schneiden. Die Ravioli in reichlich Salzwasser 3–4 Minuten köcheln lassen. Mit brauner Butter oder etwas Pesto servieren.

> Die Teigreste wieder zusammenkneten, eventuell etwas Mehl beigeben und rasten lassen. Anschließend Bandnudeln herstellen und die Nudeln trocknen lassen.

Artischockenomeletten

Grundzubereitung der Artischocken

Beim Kauf kleine, feste Exemplare wählen. Eine Schüssel mit Wasser und Zitronensaft vorbereiten. Die äußeren Blätter entfernen, den Stiel abschneiden, die holzigen Teile und die Blätterspitzen großzügig abschneiden. Die Artischocken halbieren und das so genannte „Heu" mit einem Kaffeelöffel oder mit einer Messerspitze entfernen. Die Hälften in 4 Teile schneiden und sofort in das Zitronenwasser geben, damit das Gemüse nicht braun wird.

4 kleine Artischocken	wie oben beschrieben vorbereiten. Aus dem Wasser nehmen und gut trocknen. Mit
Salz, Galgant	und
Bertram	würzen und in ein Küchensieb geben.
1 EL Dinkelfeinmehl	darüber verteilen und im Sieb schwenken.
3 EL Sonnenblumenöl	in einer Pfanne erhitzen und die
Artischocken	einige Minuten darin rösten.

4 Eier	mit
2 EL Milch	verquirlen, mit
Salz	und
Galgant	würzen und über die Artischocken gießen.

Die Masse stocken lassen, alles vorsichtig wenden und auf der anderen Seite anbraten.

> Artischocken enthalten Inhaltsstoffe, die die Leber schützen, den Cholesterinspiegel senken und Verdauungsstörungen beseitigen.

> Die angegebene Menge in einer sehr großen oder in zwei kleineren Pfannen zubereiten.

Gedünstete Artischocken

6 kleine Artischocken	vorbereiten (siehe Seite 131) und mit
1 Knoblauchzehe,	gehackt, und
2 EL gehackter Petersilie	in
50 g Butter	anrösten.
1 Tasse Gemüsebrühe	dazugießen, mit
Galgant, Bertram	und
Salz	würzen. Zugedeckt bei geringer Hitze 10 Minuten dünsten lassen.
2 Eigelb	mit
1 EL Wasser,	
1 EL Zitronensaft	und
50 g Parmesan	oder Pecorino verquirlen und über die Artischocken gießen. Ständig umrühren, damit die Eier nicht stocken und sofort servieren.

Gemüsetoast

Pro Person	
1 Karotte	und
1 kleine Zucchini	längsseitig am Gurkenhobel dünn schneiden und dann in Streifen schneiden.
1 Frühlingszwiebel	in Streifen schneiden,
1 Msp. Zitronenschale	dazugeben, alles zusammen kurz in
Butterschmalz	anbraten, mit
Galgant, Bertram	und
Salz	würzen, mit
1 Schuss Weißwein	ablöschen, durchmischen und sofort auf getoastetem Dinkelbrot servieren.

Brotknödel

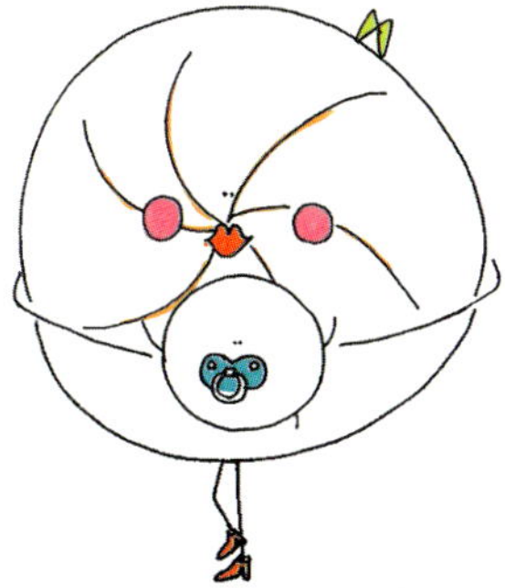

150 g Brotwürfel	in eine Schüssel geben.
100 ml Milch, 2 Eier	und
2 EL Dinkelfeinmehl	verquirlen und über die Brotwürfel geben. Mit
Galgant, Bertram, Muskat, Salz	und
1 EL gehackter Petersilie	würzen, gut durchkneten und 20 Minuten ziehen lassen. Mit nassen Händen 8 kleine Knödel formen und in
Salzwasser	10 Minuten ziehen (nicht kochen) lassen.

Die Brotknödel eignen sich als Beilage zu Gerichten mit Sauce und sind auch sehr gut als Suppeneinlage geeignet. In diesem Fall die Knödel 10 Minuten in der Suppenbrühe ziehen lassen.

Käsepressknödel

150 g Brotwürfel	in eine Schüssel geben.
100 ml Milch, 2 Eier	und
2 EL Dinkelfeinmehl	verquirlen und über die Brotwürfel geben. Mit
Galgant, Bertram, Muskat, Salz	und
1 EL gehackter Petersilie	würzen, gut durchkneten und 20 Minuten ziehen lassen. Mit nassen Händen 8 kleine Knödel formen, je
1 Stück milden Bergkäse	oder Ziegenkäse in die Mitte hineindrücken. Knödel flach drücken und in
1 EL Butterschmalz	von beiden Seiten bei mittlerer Hitze goldgelb anbraten.

Die Käsepressknödel eignen sich als Hauptgericht mit Salat und sind auch sehr gut als Suppeneinlage geeignet.

Gwuzelte mit Walnuss- oder Salbeibutter

Die gwuzelten Nudeln (Zubereitung siehe Seite 208) sind recht kompakt und sehr sättigend. Sie werden mit Walnussbutter, Salbeibutter oder einer sonstigen Sauce nach Wahl serviert. Die angegebene Teigmenge ergibt 2 Portionen als Hauptspeise oder 4 Portionen als Beilage bzw. kleine Vorspeise.

Walnussbutter

8 EL gehackte Walnüsse	in einer Pfanne bei mittlerer Hitze trocken rösten, damit sich das Aroma voll entfaltet.
100 g Butter	bei mittlerer Hitze in einer separaten Pfanne 10 Minuten langsam bräunen lassen.

Die Nudeln auf 4 Tellern anrichten, mit der braunen Butter übergießen, die Nüsse darauf verteilen und Pecorino (Ziegenkäse) oder Parmesan darüberhobeln.

Salbeibutter

100 g Butter	und
20 Salbeiblätter	bei mittlerer Hitze 10 Minuten langsam bräunen lassen und über die Nudeln verteilen. Nach Belieben etwas
Pecorino	daraufgeben.

Kürbisspiegelei

Pro Person

1 EL Kürbiskerne	hacken und in
1 KL Butter	kurz anrösten,
2 Eier	in die Pfanne schlagen, mit
Salz	und
Galgant	würzen.

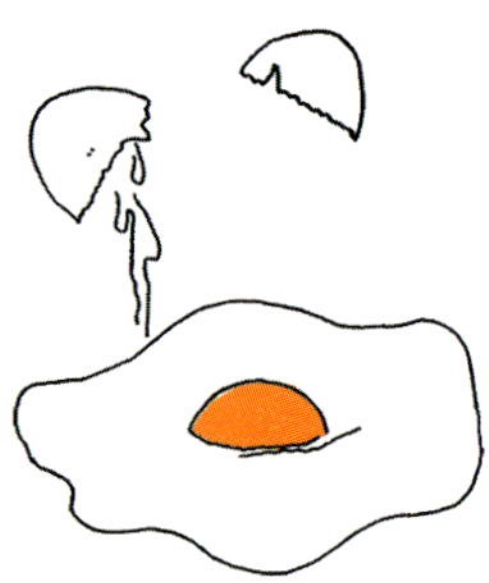

Auf einem getoasteten Dinkelbrot servieren und noch einige Tropfen Kürbiskernöl darüberträufeln.

Dinkelriebel

1 Liter Milch	(oder halb Wasser, halb Milch),
½ EL Salz	und
50 g Butter	aufkochen.
550 g Dinkelgrieß	einrühren und die Masse zugedeckt 2 Stunden quellen lassen. Die überkühlte Masse zerstoßen und mit
50 g Butter	unter ständigem Rühren auflockern. Alles auf kleiner Hitze so lange weiterrösten, bis die gewünschte Konsistenz erreicht ist (mindestens 20–30 Minuten).

Variante

1 Liter Milch	(oder halb Wasser, halb Milch),
2 TL Salz,	
50–100 ml Rahm	und
50 g Butter	aufkochen.
350 g Dinkelgrieß	und
100 g Maisgrieß	einrühren und zugedeckt 2 Stunden quellen lassen.

Mais hat in der Hildegard-Küche keinen hohen Stellenwert.

	Die Masse zerstoßen und mit
50 g Butter	unter ständigem Rühren auflockern. Auf kleiner Flamme so lange weiterrösten, bis die gewünschte Konsistenz erreicht ist.

„Riebel" ist eine Vorarlberger Hausmannskost und wurde früher gerne als preisgünstiges, kräftigendes Frühstück und als sättigendes Nachtmahl serviert.

Fisch und Fleisch

Nach Hildegard sollte Fleisch nur an Sonn- und Feiertagen und zu besonderen Anlässen mit großer Dankbarkeit gegessen werden. Auch wenn zahlreiche Ernährungsratgeber Fleisch als Energie- und Eiweißlieferanten propagieren, ist es bei der Vielfalt unseres sonstigen Nahrungsangebots nicht notwendig, Fleisch zu essen. Im Gegenteil, heute spricht sehr viel dafür, den Fleischkonsum einzuschränken und möglicherweise auch ganz zu beenden. Achten Sie bei Fisch und Fleisch auf beste Qualität. Erkundigen Sie sich nach der Herkunft der Tiere und prüfen Sie, ob sie tiergerecht gehalten werden. Am besten ist immer Fleisch aus einem Biobetrieb Ihrer Region.

Zitronenhuhn

1 Huhn (ca. 1,5 kg)	kalt waschen und trockentupfen. Das Fleisch am Brustbein durchschneiden und den Brustknochen durchtrennen.
3 Bio-Zitronen	halbieren und den Saft auspressen. Den Saft mit
3 Knoblauchzehen,	in feine Scheiben geschnitten,
3 EL Petersilie,	fein gehackt, und mit
1 KL Salz,	
½ KL Galgant	und
½ KL Bertram	mischen.

Das Huhn innen und außen mit dieser Marinade bestreichen und in eine Gratinform legen. Die restliche Marinade darübergießen und die Form etwa 1 Stunde in den Kühlschrank stellen. Das Huhn während dieser Zeit vier Mal wenden.
Das Backrohr auf 200 Grad vorheizen.
Die ausgepressten Zitronenhälften auf das Huhn legen und es im Rohr etwa 1 Stunde im eigenen Saft schmoren lassen.
Vor dem Servieren mit gehackter Petersilie bestreuen und mit Dinkel-Bandnudeln oder Focaccia-Brot servieren.

Gefülltes Hühnchen

1 Huhn	kalt abwaschen und trockentupfen.
Fülle	
1 Zwiebel	fein hacken und in
1 EL Butterschmalz	anrösten.
100 g Shiitakepilze	oder Austernpilze fein schneiden, mitrösten und mit
6 Tassen Dinkelbrot-würfel (ca. 150 g)	mischen.
2 Eier	und
80–100 ml Milch	beifügen und mit
Galgant, Bertram, Quendel	und
Ysop	kräftig würzen. Das Hühnchen mit dieser Masse füllen und die Öffnung zunähen. Dann das Huhn mit
Sonnenblumenöl	einreiben und mit
Galgant, Bertram, Ysop	und
Salz	würzen.

Das gefüllte Hühnchen mit der Brust nach oben in den Ofen schieben und bei 160 Grad 1 Stunde braten. Immer wieder mit dem sich bildenden Saft übergießen. Mit Salat oder Gemüse nach Wahl (z. B. gebackenem Kürbis) servieren.

Über das Hühnerfleisch sagt Hildegard, dass es „von kalter und trockener Natur ist“. Kranke sollten es, mit Ausnahme des Ysophuhns, nicht essen.

Shiitakepilze sind auch getrocknet im Handel erhältlich. Alle Trockenpilze in der 4-fachen Wassermenge ca. ½ Stunde einweichen und erst dann weiterverarbeiten.
Die Innereien klein schneiden und mit den Pilzen mitrösten.

Putenwürfel in Sesam

600 g Putenfilet	kalt abwaschen, abtrocknen, in 2 cm große Würfel schneiden und mindestens 2 Stunden in der Marinade ziehen lassen.
Marinade	
2 EL Honig,	
2 EL Weißwein,	
½ KL Galgant,	
½ KL Bertram	und
1 KL Zitronenschale	gut verrühren. Die marinierten Fleischwürfel gut abtropfen lassen, salzen und im vorbereiteten Sesam wälzen.

Sesammischungen

1 Tasse heller Sesam und etwas grobes Salz
1 Tasse heller Sesam, 1 KL dunkler Sesam und etwas grobes Salz

2–3 EL Butterschmalz	erhitzen und die Sesamwürfel portionenweise bei mittlerer Hitze von allen Seiten kurz anbraten. Beiseitestellen und einige Minuten nachgaren lassen.

Dazu passt Kürbis-Orangen-Gemüse (siehe Seite 120) ausgezeichnet.

> Die Pute, also die Truthenne, wird von Hildegard nicht erwähnt. Sie wird in der „Neuen Hildegard-Küche" als bekömmliche Fleischart sehr geschätzt.

> Diese Würfel eignen sich auch hervorragend als kalter Snack, am besten mit einem würzigen Dip oder einem Chutney.

Hackbällchen aus Lamm- oder Ziegenfleisch

1 Zwiebel	fein hacken und in
1 EL Butterschmalz	anrösten.
1 Knoblauchzehe,	gehackt, ganz kurz mitrösten und alles überkühlen lassen.
300 g Ziegenhackfleisch	(oder Lammhackfleisch),
2 Tassen Dinkelgrütze,	
1 Ei,	
3 EL gehackte Kräuter	(Quendel, Minze, Petersilie, Rosmarin ...),
Salz, Galgant,	
langer Pfeffer	und nach Belieben auch
Kreuzkümmel	miteinander mischen und zum Schluss noch
2–3 EL Semmelbrösel	zum Binden untermengen.

Kleine Bällchen (oder Laibchen) formen und in Butterschmalz bei mittlerer Hitze von allen Seiten anbraten. Zum Grillen Laibchen formen oder die Bällchen auf Spieße stecken.

Gefüllte Hühnerbrust

4 Hühnerbrüste	kalt waschen, trockentupfen und „Taschen einschneiden", alle Seiten mit
Salz, Galgant,	
Bertram	und
Ysop	einreiben.
Ziegenfrischkäse	(½ cm dick) in die Taschen füllen, pro Brust 1 EL gehackte Kräuter dazugeben. Brust mit einem Zahnstocher verschließen und in
Butterschmalz	von beiden Seiten bei mittlerer Hitze anbraten. Das Fleisch aus der Pfanne nehmen und auf einem Teller warm stellen. Die Pfanne wieder auf die Herdplatte stellen und mit einem
Schuss Weißwein	ablöschen. Etwas Wasser dazugeben, nachwürzen und den Fond vom Pfannenboden lösen. So lange köcheln, bis eine sämige Sauce entsteht, und dann die Fleischteile zurück in die Pfanne geben und kurz ziehen lassen.

Türkischer Strudel

Strudelteig

300 g Dinkelfeinmehl mit
1 Ei,
3 EL Sonnenblumenöl,
1 Prise Salz und
1 Prise Zucker zu einem glatten Teig verarbeiten.

Türkische Füllung

500 g Lamm
(Keule oder Filet) in feine Streifen schneiden, in
1 EL Butterschmalz andünsten und aus der Pfanne nehmen.
2 Bund Frühlings-
zwiebeln, in Streifen geschnitten, in
1 EL Butterschmalz andünsten,
2 kleine Zucchini, in Streifen geschnitten, dazugeben und mitrösten. Nun das Fleisch wieder dazugeben und kräftig mit
1 TL Zimt,
1 TL gerebeltem Quendel,
½ TL Galgant,
½ TL Bertram,
Salz und
1 Prise Zucker würzen. Mit
50 ml Wein oder Wasser aufgießen und einkochen. Auskühlen lassen und
300 g zerbröckelten Feta und
gehackte Petersilie von ca. 15 Stängeln untermischen.

Den Strudelteig auf einer großen bemehlten Arbeitsfläche vorsichtig, aber zügig ausziehen und die Füllung darauf verteilen. Den Strudel einrollen, mit Eigelb bestreichen, nach Belieben Kreuzkümmel darüberstreuen und bei 170 Grad 40–45 Minuten backen. Dazu einen Knoblauchdip servieren (siehe Seite 84).

Kalbsschnitzel mit Salbei

4 Kalbsschnitzel	so einschneiden, dass eine „Tasche" entsteht. In diese
3 Salbeiblätter	und
1 Blatt Hirschschinken	geben. Auf beiden Seiten kräftig mit
Salz, Galgant	und
Bertram	würzen. In einer Pfanne
1 EL Butterschmalz	erhitzen und die Schnitzel bei mittlerer Hitze auf jeder Seite 3 Minuten lang anbraten. Dann das Fleisch aus der Pfanne nehmen. Den Bratenfond mit
100 ml Marsala	oder anderem Süßwein und
etwas Wasser	ablöschen und einkochen. Mit
Salz, Galgant	und
Bertram	würzen und die Hitze reduzieren. Die Schnitzel zurück in die Pfanne geben.

Von beiden Seiten Flüssigkeit aufnehmen lassen. Die fertigen Schnitzel auf Tellern anrichten und mit Polenta oder Dinkelnudeln servieren.

Kalbsragout in Weißwein

600 g Kalbslende	(oder Nuss) kalt waschen, trockentupfen und in 3 cm große Würfel schneiden.
4 EL Sonnenblumenöl	langsam erhitzen,
2 EL Butter	darin schmelzen lassen und
6 Salbeiblätter	und
2 Lorbeerblätter	sanft andünsten. Die Temperatur erhöhen und das Fleisch portionenweise kräftig anbraten. Mit
Galgant, Bertram, Salz	würzen,
100 ml Weißwein	dazugeben und 10 Minuten köcheln lassen. Zum Schluss
1–2 EL Kapern	beifügen, diese heiß werden lassen und sofort mit Dinkelnudeln oder Dinkelgrießschnitten servieren.

Kitz auf italienische Art

Grundzubereitung	
1½ kg Schulter oder Keule	(ganz oder in Teile geschnitten) zuerst kalt abwaschen und dann in einer Mischung aus
½ Tasse Wasser	und
½ Tasse Weißweinessig	waschen und trockentupfen. Das Fleisch mit
Galgant	und
Bertram	einreiben.
5 Knoblauchzehen,	in grobe Scheiben geschnitten,
1 frische Galgantwurzel	(1 daumengroßes Stück aus dem Asienladen oder 1 KL trockene Galgantwurzel)
einige Quendelstängel	oder Rosmarinzweige in
1 Tasse hochwertiges Sonnenblumenöl	geben und das Fleisch darin mindestens 12 Stunden marinieren.

Die Fleischteile mehrmals wenden, dann im vorhandenen Öl bei mittlerer Hitze von allen Seiten braun anbraten und den Knoblauch entfernen.

1 Tasse Weißwein,	
½ Tasse Bouillon	und
etwas Salz	beifügen und zugedeckt, je nach Größe der Fleischstücke, 50–60 Minuten garen. Eventuell noch etwas Bouillon nachgießen.

Mit Polenta oder knusprig gebratenen Dinkelgrießschnitten servieren.

Ziegenfleisch ist durch die Nachfrage von Ziegenkäse und Ziegenmilch wieder vermehrt im Handel zu finden. Es hat eine zarte Faserung und einen feinen Geschmack und wird durch die richtige Zubereitung zu einer Köstlichkeit.

Kitz in der Kräuterkruste

Keule oder Rückenteile zuerst kalt abwaschen und dann in einer Mischung aus ½ Tasse Wasser und ½ Tasse Weißweinessig waschen und trockentupfen.

Kräuterpaste

1 Tasse Dinkelbrotbrösel,	
1 Tasse gehackte Kräuter,	
1 Tasse Sonnenblumenöl,	
2 Knoblauchzehen,	fein gehackt,
Galgant,	
Bertram	und
Salz	gut verrühren.

Die Fleischteile mit der Kräuterpaste großzügig „einpacken" bzw. gut bedecken und im Rohr bei 120 Grad 1–1½ Stunden garen.

Koteletten von Lamm und Ziege eignen sich ebenfalls hervorragend für dieses Rezept. Diese aber nur 20 Minuten garen.

Zicklein mit Austernpilzen

1 kg Zicklein	(z. B. Brust, vordere Keule, Rippen) in kleinere Stücke teilen und mit
500 g Austernpilzen	und
2 Knoblauchzehen,	gehackt, in eine Kasserolle geben. Mit
Salz, Galgant,	
langem Pfeffer	und
frischer, gehackter Galgantwurzel	würzen. Das Ganze mit
½ Tasse Sonnenblumenöl	beträufeln und ca. 1 Stunde bei 160 Grad Ober- und Unterhitze langsam garen. Das Fleisch während dieser Zeit immer wieder mit dem entstehenden Saft übergießen.

Das Zicklein in der Kasserolle lassen und mit Dinkelgrießschnitten oder Dinkelnudeln servieren.

Zicklein mit Artischocken

800 g Zickleinfleisch	(Keule oder Rücken) kalt waschen, abtrocknen und in gleich große Stücke schneiden. In einer Pfanne bzw. einem Topf bodendeckend
Sonnenblumenöl	erhitzen und das Fleisch zusammen mit
1 gehackten Zwiebel	und
2 EL gehackter Petersilie	langsam anbraten. Sobald es genügend Farbe angenommen hat,
1 EL Dinkelfeinmehl	darüberstauben und 10 Minuten weiterbraten lassen. Die Hitze hochschalten, mit
¼ Liter trockenem Weißwein	aufgießen und einkochen lassen. Mit
Galgant, Bertram	und
Salz	würzen.
2 Zweige Rosmarin	dazugeben und mit geschlossenem Deckel ½ Stunde garen lassen.

In der Zwischenzeit die Artischocken zubereiten: Die äußeren Blätter entfernen, den Stiel abschneiden, die holzigeren Teile und die Blätterspitzen großzügig abschneiden. Die Artischocken halbieren und das so genannte „Heu" mit einem Kaffeelöffel oder mit einer Messerspitze entfernen. Die Hälften in 4 Teile schneiden und sofort in eine Schüssel mit Zitronenwasser geben, damit das Gemüse nicht braun wird. Artischocken aus dem Wasser nehmen, salzen und zum Fleisch geben. Alles nochmals ½ Stunde schmoren lassen. Bei Bedarf noch etwas Flüssigkeit nachgießen, die Sauce sollte aber nicht zu dünn sein.

Sauce-Verfeinerung

2 Eigelb	in einer kleinen Schüssel mit
Galgant, Salz, Quendel	und
1 EL Petersilie	glatt rühren. Die Mischung gut mit dem Fleisch vermischen und alles sofort vom Herd nehmen. Die Sauce darf nicht stocken!

Galgantgulasch

¾ Kilo Lammfleisch	(bzw. Ziegen- oder Rindfleisch) kalt abwaschen und in Würfel schneiden.
2 Zwiebeln	fein schneiden und in
2 EL Butterschmalz	kräftig Farbe nehmen lassen.
2 Knoblauchzehen	und
frische Galgantwurzel	fein schneiden und kurz mitrösten. Nun das Fleisch bei kräftiger Hitze portionenweise anbraten, dann die Hitze reduzieren. Mit
1 EL Dinkelfeinmehl	stauben und mit
1–2 KL Galgant, Bertram, Ysop, Salz	würzen. Alles kurz durchrösten und mit
1 Schuss Weißwein	ablöschen. Mit
Bouillon	aufgießen, das Fleisch dazugeben und weichköcheln lassen.
⅛ Liter Sauerrahm	mit etwas heißer Sauce verrühren, unter das Gulasch rühren und kurz aufkochen lassen.

> Sauerrahm nie direkt in die heiße Sauce rühren, da er ausflockt.

Schneller Rehrücken

600 g Rehrückenfilet	mit
Galgant, Bertram, Salz	würzen und in
1 EL Butterschmalz	anbraten.

Ins vorgeheizte Backrohr schieben und bei 160 Grad 12 Minuten braten. In Alufolie wickeln, warm halten und 10 Minuten nachgaren lassen. In 1 cm dicke Scheiben schneiden. Das Fleisch sollte leicht rosa sein.

400 g Gemüse der Saison	feinblättrig schneiden und in
1 EL Butterschmalz	anbraten. Mit
Galgant, Bertram, Ysop	und
Salz	würzen. Mit etwas
Wasser	ablöschen und frische Kräuter dazugeben.

Das Gemüse auf Tellern anrichten und mit den Fleischscheiben belegen. Dazu passt Kornelkirschenmarmelade.

Wildgeschnetzeltes

1 Zwiebel	fein hacken und in
1 EL Butterschmalz	kräftig (dunkel) anbraten.
1 EL Dinkelfeinmehl	dazugeben und ebenfalls braun rösten. Mit
⅛ Liter Rotwein	ablöschen und gut verrühren. Mit
Wasser	verdünnen und klein geschnittene
Karotten	und
Sellerie	dazugeben.
2 Lorbeerblätter,	
5 Kubebenkörner	und
3 Wacholderbeeren	beifügen und alles zugedeckt köcheln lassen. Nach ½ Stunde alles abseihen und mit
Galgant, Bertram,	
1 Hauch Zimt	und
Salz	würzen.
1 EL passierte Preisel-beeren	oder Kornelkirschenmarmelade unterrühren und nach Belieben mit
Rahm	verfeinern.
600 g Hirsch	(Filet oder Nuss) in Streifen schneiden. In
1 EL Butterschmalz	portionenweise kurz anbraten. Mit
Galgant, Bertram	und
Salz	würzen. Die Sauce zum Fleisch gießen und kurz ziehen lassen.

Mit Serviettenknödeln, Dinkelnudeln oder Grießpolenta servieren.

Forelle in der Salzkruste

1 Bio-Zitrone	abreiben und in Scheiben schneiden.
4 Forellen (à ca. 300 g)	kalt waschen, trockentupfen, mit
Salz, Galgant, Bertram	innen würzen. Mit den Zitronenscheiben,
je 4 Blatt Basilikum	und einigen
Petersilienblättchen	füllen.
4 Eiweiß	mit dem Schneebesen in einer großen Schüssel leicht schaumig schlagen.
2 kg grobes Meersalz	und die abgeriebene Zitronenschale dazugeben und mit
80–100 ml Wasser	vermengen, bis ein geschmeidiger Teig entsteht.

Ein Backblech mit Backpapier auslegen, ⅓ des Salzteiges in Form von 4 Fischen darauf verteilen, die Forellen darauflegen und mit dem restlichen Salzteig bedecken. Diesen vorsichtig andrücken und mit Alufolie einen „Kranz“ rund um jede einzelne Forelle formen. Die Fische im vorgeheizten Rohr bei 160 Grad Umluft ca. 20 Minuten backen. Die Salzkruste aufbrechen und mit Topinambur- oder Fenchelgemüse servieren.

Dieses Rezept ist sicher eines für besondere Gelegenheiten. Das verwendete Salz könnte man für Fußbäder weiternutzen.

Forelle im Mandelmantel

4 große Forellenfilets	kalt waschen und trockentupfen. Auf der Fleischseite mit
Galgant, Bertram, Salz	würzen. Die Hautseite in
geriebenen Mandeln	wenden und die Filets bei mittlerer Hitze in
1 EL Butterschmalz	anbraten. Die Fleischseite ganz kurz braten. Den Fisch mit der Hautseite nach oben auf angewärmten Tellern anrichten.
50 g Mandelblättchen	in
1 EL Butterschmalz	goldbraun anrösten und über den Fisch verteilen.

Als Beilage z. B. Topinamburgemüse, Brokkoli oder Salat servieren.

Zander im Fenchelbeet

3 Fenchelknollen	halbieren, in kochendes
Salzwasser	geben und 3 Minuten kochen lassen. Dann abseihen und jede Hälfte in 4–6 Spalten schneiden.
2 große oder 4 kleine	
Zanderfilets (600–700 g)	kalt waschen, abtrocknen, salzen, mit
Zitronensaft	beträufeln und in eine geölte Gratinform geben. Mit
Galgant	und
Bertram	würzen,
3 KL Kapern,	
3 getrocknete Tomaten,	fein geschnitten,
2 EL Sonnenblumenöl	und
einige Butterflocken	darauf verteilen.

Die Fenchelspalten rund um den Zander verteilen und salzen. Die Gratinform bei 160 Grad Umluft ins Rohr geben und 15 Minuten garen lassen, eventuell zum Schluss noch 1 Minute gratinieren.

> Der Zander ist am saftigsten und schmeckt am besten, wenn sich die einzelnen Fischfasern „schieben" lassen. Zu langes Kochen macht jeden Fisch trocken und geschmacklos.

Vor dem Servieren	
etwas Zitronensaft	über den Fisch träufeln und diesen mit
gehackter Petersilie	bestreuen.

Zander in der Sesam-Mohn-Kruste

600 g Zander	zuerst kalt waschen und dann trockentupfen. Mit
Zitronensaft	einreiben und mit wenig
Salz	bestreuen. Außerdem mit
Galgant	und
Bertram	würzen. Pro Zanderfilet
3 EL Sesamsamen,	
1 EL Mohnsamen	und
½ KL grobes Meersalz	in einen Teller geben und gut mischen. Die Filets auf beiden Seiten in diese Mischung geben und die Samen gut andrücken. In einer Pfanne
Butterschmalz	erhitzen und die Filets beidseitig goldbraun braten.

Mit Polenta oder Topinamburpüree, Blattspinat oder Salat servieren.

Fischburger

3 Tassen Brotwürfel	mit so viel Wasser vermengen, dass eine feuchte Masse entsteht.
400 g Fisch	(Forelle, Saibling, Felchen …) enthäuten und in Stücke schneiden.
1 Zwiebel	in Stücke schneiden. Alles zusammen in der Küchenmaschine zerkleinern oder durch den Fleischwolf drehen. Die Masse mit
40 g weicher Butter, 40 g Frischkäse, 1 Ei, 1 TL Senf, Galgant, Bertram, Muskat, Salz	würzen und ½ Stunde ziehen lassen.

Die Masse nochmals durchkneten und mit nassen Händen Burger formen. Diese kurz in Mehl wenden und in heißem Butterschmalz auf beiden Seiten bei mittlerer Hitze anbraten. Mit Petersilie bestreuen und mit einem Salat servieren.

Gedünstete Saiblingsfilets auf Gemüsestreifen

4–6 Saiblingsfilets	kalt waschen, trockentupfen, mit
Zitronensaft	beträufeln und mit
Galgant, Bertram	und
Salz	würzen.
500 g Gemüse	(Karotten, Zucchini, Kohlrabi, Fenchel) in ganz feine Streifen schneiden und in
1 EL Butterschmalz	bei großer Hitze anbraten. Mit
Galgant, Bertram	und
Salz	würzen. Das Gemüse auf einem angewärmten Teller anrichten, die Pfanne auf die Platte zurückstellen und mit
100 ml Weißwein	ablöschen. Etwas
Wasser	dazugeben und nachwürzen.

Die Saiblingsfilets mit der Hautseite nach unten in die Pfanne geben, den Deckel aufsetzen und die Fische 2 Minuten bei geringer Hitze garen lassen. Die Fischfilets aus der Pfanne heben und mit der Fleischseite nach unten auf das Gemüsebeet legen. Die Haut abziehen und

gehackte Petersilie	darüberstreuen.
1 EL kalte Butter	unter die Sauce rühren (nicht mehr aufkochen),
etwas Zitronensaft	dazugeben und über die Fischfilets verteilen.

Dazu passt Dinkelrisotto oder Dinkelweißbrot.

> Als verantwortungsvolle Konsumenten sind wir stets gefordert, uns genau nach der Herkunft der Produkte zu erkundigen. Hochseefisch hat schon längst keinen gesundheitlichen Nutzen mehr für uns, da er mit Schwermetallen belastet ist, weite Transportwege beansprucht und großteils in Zuchtanstalten „hergestellt" wird.

Desserts, Kuchen und Süßes

Süßes in vernünftigem Maß und in aller Ruhe genossen labt nach Hildegard die Seele. Der alte Spruch „allzu viel ist ungesund" gilt bei den süßen Verlockungen ganz besonders, denn Zucker ist ein Mineralien- und Energieräuber und sollte daher nur in geringen Mengen genossen werden. Hildegard spricht bereits in ihrer Zeit vom Rohrohrzucker als Süßungsmittel, Honig verwendet sie ausschließlich als Heilmittel.

Einige allgemeine Hinweise und Tipps vorweg:

- ➜ Alle in den Rezepten angegebenen Backzeiten sind Richtzeiten und müssen je nach Backrohr und Größe der Form gegebenenfalls etwas verändert werden.
- ➜ Der Stricknadeltest gibt Sicherheit: Mit einer Stricknadel in den Kuchen oder in die Torte stechen und diese wieder herausziehen. Wenn noch Teig daran haftet, die Backzeit verlängern, ansonsten ist der Kuchen bzw. die Torte fertig.
- ➜ Schlagen Sie Eischnee immer als Erstes, dann können Sie die Rührstäbe gleich für den Kuchenteig weiterverwenden und Sie sparen sich einen Abwaschgang.
- ➜ Die Zutaten sollten bei der Verarbeitung die gleiche Temperatur haben: entweder alle Zimmertemperatur oder alle Kühlschranktemperatur.
- ➜ Lassen Sie die Kekse nie zu lange backen, sonst werden sie zu trocken. Ein Keks ist dann fertig gebacken, wenn er sich gut vom Papier lösen lässt.
- ➜ Wenn Schalen von Früchten verwendet werden, unbedingt auf Bioprodukte achten.

Maronicreme

300 g Maronipüree	mit
3 EL Rohrohrzucker	glatt rühren und
250 ml geschlagene Sahne	daruntermengen.

In Schalen anrichten oder mit 2 Esslöffeln Nocken formen und hübsch angerichtet servieren.

Dinkelgrießmus

1 Liter Milch	oder halb Wasser, halb Milch,
1 TL Salz	und
50 g Butter	aufkochen.
180 g Dinkelgrieß	einrühren und die Masse 20 Minuten oder auch länger köcheln lassen. Das Mus auf Teller anrichten und mit
Himbeersaft	übergießen oder mit einer Zimt-Zucker-Kakao-Mischung bestreuen und nach Belieben mit gebräunter Butter übergießen.

> Getreide ist bekömmlicher, wenn es lange gekocht wird. Dies ist für Menschen mit Darmproblemen wichtig. Allergiker können Ziegenmilch oder Wasser verwenden, dem man zum Schluss einen Schuss Rahm beifügt.

Topfennockerl mit Himbeersauce

70 g weiche Butter	mit
500 g Topfen,	
2 Eidottern,	
150 g Dinkelgrieß	und
1 Prise Salz	zu einem glatten Teig verrühren und 10 Minuten ziehen lassen. Kleine Knödel oder Nockerl formen und in kochendes, gesalzenes Wasser geben. Die Hitze reduzieren und die Knödel je nach Größe 6–8 Minuten lang ziehen lassen.
200 g Dinkelbrösel	und
50 g Rohrohrzucker	in
50 g Butter	anrösten und die Topfenknödel darin wälzen.

Die Topfenknödel mit einer Himbeersauce servieren.

Himbeersauce

200 g Himbeeren	zerdrücken und mit etwas
Rohrohrzucker	kurz aufkochen. Die Sauce auf einen Teller geben und die Knödel daraufsetzen.

Topfenschmarren

3 Eidotter,	
125 g Topfen,	
100 g Rohrohrzucker	und
1 Prise Salz	glatt rühren.
3 Eiklar	zu steifem Schnee schlagen.
3 EL Dinkelfeinmehl	darübersieben und beides zusammen zur Dottermasse geben. In einer beschichteten Pfanne
1 EL Butterschmalz	erhitzen, den Teig in die Pfanne rinnen lassen und ihn bei mäßiger Hitze goldbraun backen.

Dann die Masse mit einer Bratschaufel vierteln, jedes Viertel wenden und den Schmarren auch auf der zweiten Seite goldgelb backen. Den Topfenschmarren mit Hilfe der Bratschaufel oder mit zwei Gabeln (Vorsicht auf die Pfanne!) in mundgerechte Stücke teilen und mit Apfelmus, einer Himbeersauce oder Kompott nach Wahl servieren.

Vanillepudding

2 EL Dinkelfeinmehl	mit
100 ml Milch	verrühren und ¼ Stunde rasten lassen. Dann
2 Eidotter	unterrühren.
400 ml Milch	mit
2 EL Rohrohrzucker	und
1 KL Vanillezucker	aufkochen. Unter Rühren die Mehl-Eier-Mischung dazugeben und alles zusammen nochmals aufkochen. Die Masse anschließend von der Herdplatte nehmen und
1 KL Zitronenschale,	gerieben,
1 EL Zitronensaft	und
1 EL geriebene Mandeln	daruntermischen.

Den Pudding in kalt ausgespülte Formen füllen, erkalten lassen und je nach Geschmack mit Himbeersaft oder Quittengelee servieren.

Süße Mohnnockerl

100 g weiche Butter,	
2 Eidotter,	
250 g Topfen	und
100 g Dinkelgrieß	gut verrühren.
1 Prise Salz	und
2 geschlagene Eiweiß	untermischen. Aus der Masse Nockerl formen und in leicht kochendem Salzwasser 10 Minuten ziehen lassen.
50 g Butter	schmelzen.
80 g Dinkel-Brotbrösel	und
80 g gemahlenen Mohn	darin rösten und mit
50 g Rohrohrzucker	und
Zimt	abschmecken. Die Knödel darin drehen und mit Apfelkompott servieren.

Mohnhippen mit Himbeersauce

Mohnhippen

50 g weiche Butter,	
50 g Dinkelfeinmehl,	
50 g feinen Rohrohrzucker	und
1 Eiklar von einem großen Ei	mit dem Mixer verrühren.

Die Masse etwa 30 Minuten rasten lassen. In der Zwischenzeit das Backrohr auf 160 Grad Umluft vorheizen. Dann die Masse in einen Dressiersack füllen und ohne Tülle Hippen auf ein mit Backtrennpapier ausgelegtes Backblech spritzen. Diese mit Mohn bestreuen und etwa 10 Minuten hellbraun backen.

Himbeersauce

1 kg Naturjoghurt	ca. eine Stunde durch ein mit Küchenrollenpapier oder mit einem Küchentuch ausgelegtes Sieb rinnen lassen.
60–100 g feinen Rohrohrzucker oder	
150 g Himbeergelee	(glatt gerührt) untermengen. Zudem
300 g Himbeeren	(die Hälfte davon zerdrückt) unterrühren.

Bratquitten

Quitten immer zuerst trocken abreiben und dann erst waschen. Die Früchte auf ein Backblech legen und bei 180 Grad im Rohr 40–50 Minuten (je nach Größe) braten. Mit einer Gabel prüfen, ob die Früchte weich sind. Die Bratquitte aus der Schale löffeln, das Fruchtfleisch nach Belieben mit Zimtzucker bestreuen.
Es ist empfehlenswert, ein ganzes Blech Quitten zuzubereiten (ca. 5 kg Früchte) und die Quitten dann weiterzuverarbeiten:

Weiterverarbeitung

Die gebratenen Quitten über Nacht abkühlen lassen, damit sich das Pektin wieder verfestigt. Dann Schnitze schneiden und als Kuchenbelag verwenden, einfrieren oder mit Wasser und Zucker aufkochen und als Kompott in Gläser füllen. Man kann auch das Fruchtfleisch vom Quittengehäuse abkratzen, zu Mus verarbeiten und einfrieren. Die Kerngehäuse quer in Scheiben von ca. 5 mm schneiden und bei 70 Grad im Ofen trocknen und Quittentee zubereiten.

Quittencrumble

Streusel

100 g Dinkelfeinmehl,	
50 g feinen Rohrohrzucker,	
50 g Butterflocken	und
1 Msp. Zimt	mit der Hand verkneten und zu feinen Streuseln zerbröseln. Diese auf ein Backblech geben und bei 150 Grad 25 Minuten backen.

Quittencreme

500 g Naturjoghurt	½ Stunde durch ein mit einem Küchentuch ausgelegtes Sieb rinnen lassen.
8 EL Quittengelee	oder Quittenmarmelade mit
2 EL Zitronensaft	glatt rühren und unter das abgetropfte Joghurt mengen.

Auf 4 Schalen aufteilen und mit den Streuseln bestreuen.

Gratinierte Quitten

800 g Quitten	abreiben, waschen, vierteln und in ½ cm dicke Scheiben schneiden.
¼ Liter Wasser	mit
2 EL Rohrohrzucker	zum Kochen bringen und die Quittenschnitze darin bissfest dünsten. Die Butzen entfernen, die Schnitze in einer flachen, gefetteten Auflaufform fächerförmig verteilen.
3 EL Zitronensaft	mit
1 EL Honig	verrühren und über die Schnitze tröpfeln. In einer Pfanne
50 g Butter	mit
1 EL Honig	verschmelzen und
50 g Dinkelschrot	darin anrösten. Von der Platte nehmen,
50 g Walnüsse	daruntermischen und alles über die Quitten verteilen.
Guss	
250 g Topfen,	
200 ml Rahm	und
1 Vanillezucker	mit der Kochflüssigkeit mischen, über die Quitten streichen und mit
gehobelten Mandeln	bestreuen. Bei 160 Grad Umluft 20 Minuten backen.

> Die Quitte gilt in der Hildegard-Lehre als Antirheumatikum. Hildegard empfiehlt, über den Zeitraum von 6 Wochen täglich das Fruchtfleisch einer gebratenen Quitte zu essen.

Quittencreme

500 g Quitten	vierteln, entkernen und in Scheiben schneiden. Mit
50 ml Weißwein,	
50 ml Wasser,	dem Saft einer
Orange,	dem Saft einer
Zitrone	und
2–3 EL Rohrohrzucker	weich kochen. Die Masse pürieren und eventuell durch ein Sieb streichen, damit die Quittenschalen zurückbleiben. Auskühlen lassen und in Schalen anrichten. Inzwischen
2 EL Pinienkerne	trocken anrösten und
1 EL Rohrohrzucker	dazurieseln lassen. Beides goldgelb schmelzen lassen und diese Mischung ausgekühlt auf die Quittencreme streuen.

Diese Quittencreme schmeckt auch auf gebackenen Mürbteigböden oder auf gebackenen Blätterteigstreifen ausgezeichnet.

Holunderblütensorbet

300 ml Naturjoghurt	½ Stunde durch ein mit einem Küchentuch ausgelegtes Sieb rinnen lassen. Das Joghurt in eine Schüssel geben,
150 ml Holundersirup	und
150 ml steif geschlagene Sahne	untermengen und das Ganze 6 Stunden im Tiefkühlfach gefrieren lassen. Die Masse jede ½ Stunde umrühren.

Das Sorbet in einem hohen Glas mit je einem Minz- oder Melissenblatt servieren oder auf einem Teller mit Himbeeren anrichten.

Zitronensorbet

¼ Liter Wasser	und
1 Prise Galgant	mit
¼ kg Rohrohrzucker	¼ Stunde köcheln lassen. Anschließend ¼ Stunde überkühlen lassen und mit
¼ Liter Zitronensaft	und
einigen Zitronenzesten	verrühren.
¼ Becher Sauerrahm	sorgfältig unterrühren.

Diese Masse in eine kalte Schüssel (aus dem Gefrierfach) füllen und in das Gefrierfach stellen. Eventuell fein geschnittene Zitronenmelisse daruntermischen. In den folgenden 4 Stunden 4 Mal mit einer Gabel umrühren. Mit Haushaltsfolie abdecken.

> Zitronen sind ein wertvoller Vitaminspender und wirken laut Hildegard kühlend. Es ist daher im Sommer und bei fieberhaften Erkrankungen sinnvoll, diese Früchte vermehrt einzusetzen.

Kürbiskernparfait

4 Eigelb	und
120 g Rohrohrzucker	schaumig rühren und
60 ml Kürbiskernöl	einrühren.
500 ml Rahm	steif schlagen und unterheben.

Die Masse in eine Parfaitform geben oder in kleinen Schälchen verteilen und mindestens 3 Stunden lang tieffrieren. Das Parfait wird fein cremig, wenn man es 1 Stunde vor dem Servieren vom Gefrierfach in den Kühlschrank gibt. Zum Schluss mit

gehackten, gerösteten Kürbiskernen	und mit
1 Hauch Galgant	bestreuen.

Sie können auch 2 EL Weinbrand oder Quittenlikör untermengen.

Gebackene Früchte

300 g Marillen	halbieren und in eine gebutterte Gratinform oder in mehrere kleine Schälchen legen.
2 ganze Eier	mit
3–5 EL Rohrohrzucker	schaumig schlagen, bis die Masse hellgelb ist, und
250 g Topfen	untermengen. Mit
Zimt	und
Zitronenzesten	abschmecken.

Die Masse auf den Früchten verteilen und etwas Rohrohrzucker darüberstreuen. Der Zucker karamellisiert und sorgt für eine knusprige Konsistenz. Die Früchte bei 180 Grad Heißluft 20 Minuten backen. Natürlich können auch andere Früchte der Saison verwendet werden. Bei Früchten wie Himbeeren oder Brombeeren empfiehlt es sich, die Gratinform unter den Backofengrill zu schieben und die Backzeit zu reduzieren.

> Äpfel verfügen über wichtige Vitamine, Ballaststoffe und Fruchtpektin. Ein Apfel pro Tag reguliert den Stoffwechsel und die Darmtätigkeit. Kaufen Sie nur Äpfel, die in der Sonne gereift sind, möglichst aus Ihrer Region.

Apfelringe im Backteig

2 Eier	und
100 g Dinkelfeinmehl	mit
⅛ Liter Milch	(oder Wasser bzw. Bier) und
1 Prise Salz	glatt rühren. Den Teig mindestens 20 Minuten rasten lassen.
4 große Äpfel	schälen und das Kerngehäuse entfernen. Die Äpfel in 1 cm dicke Scheiben schneiden und mit Zitronensaft beträufeln. Dann die Apfelscheiben in den Backteig tauchen und in nicht zu heißem Butterfett auf beiden Seiten goldbraun backen. Auf Küchenkrepp abtropfen lassen und mit einer
Zimt-Zucker-Mischung	bestreuen.

Apfel- und Trockenfrüchtestrudel

Einen kalten Germteig zubereiten (siehe Seite 211). Den Teig in 2 Portionen teilen und beide Teile auf die Größe von 40 x 40 cm auswalken. Jedes Teigblatt auf ein Tuch legen und jeweils die Fülle auf ¾ des Teiges verteilen. Die Strudel mit Hilfe des Tuches einrollen, mit dem Teigschluss nach unten auf ein Backblech setzen und die Ränder einschlagen.
Bei 160 Grad Heißluft 45 Minuten backen.

Apfelfülle

750 g Äpfel	raffeln,
5 EL Rohrohrzucker,	
5 EL Mandelblättchen,	
5 EL Rosinen,	den Saft von
½ Zitrone	und
½ KL Zimtpulver	dazugeben und mischen.

Trockenfrüchte-Füllung

200 g getrocknete Marillen,	
200 g getrocknete Äpfel	und
100 g Datteln	in feine Streifen schneiden. Mit
100 g Rosinen,	
100 g gehackten Mandeln	oder Walnüssen, dem Saft und den Zesten von
½ Zitrone,	
1 Prise Nelkenpulver	und
3 Prisen Zimtpulver	vermischen.

Es können natürlich auch andere Trockenfrüchte wie Feigen oder Quittenkonfekt verwendet werden.

Mürbteigtörtle

Mürbteig

400 g Butter,	
80 g Honig,	
80 g Rohrohrzucker,	
2 Eier, 1 Prise Salz,	
Vanillezucker,	die Schale von
1 Zitrone	und
600 g Dinkelfeinmehl	zu einem Mürbteig verkneten, rasten lassen. Förmchen mit Mürbteig auslegen und diesen mit einer Gabel einstechen.

Fülle

3 Eiweiß	und
140 g Rohrohrzucker	verrühren und im Wasserbad leicht erwärmen. Mit einem Schneebesen aufschlagen.
400 g gehackte Mandeln,	
100 g Marillen,	getrocknet, klein geschnitten, und
100 g getrocknete Äpfel,	ebenfalls klein geschnitten,
160 g Rosinen	und Saft und abgeriebene Schale von
1 Zitrone	untermischen.

Die Fülle in den mit Mürbteig ausgelegten Förmchen verteilen und die Törtchen bei 200 Grad 12 Minuten backen.

Mürbe Marillenecken

200 g kalte Butter	in kleine Stücke schneiden und mit
200 g Dinkelfeinmehl	abbröseln.
100 g Rohrohrzucker,	
70 g Hafermark,	
2 Eidotter	und die abgeriebene Schale von
1 Zitrone	untermengen und einen Mürbteig kneten.

Den Teig mindestens 2 Stunden im Kühlschrank rasten lassen, 4 mm dick ausrollen, mit dem Teigradler in Streifen oder Dreiecke schneiden, auf ein mit Backpapier belegtes Blech legen und bei 160 Grad Heißluft 7 Minuten backen. Auskühlen lassen, dann je einen Streifen bzw. ein Dreieck mit Marillenmarmelade bestreichen und mit einem zweiten Eck zusammenkleben. Mit Puderzucker bestreuen.

Faschingsgebäck

100 g weiche Butter	und
100 g feinen Rohrohrzucker	mit dem Mixer verrühren.
1 KL Zitronenzesten	fein hacken und
1 Msp. Galgant,	
1 Msp. Fenchel	und
½ KL Salz	dazugeben.
1 Vanilleschote	aufschneiden, das Mark herauskratzen und ebenfalls dazugeben. (Ersatzweise 1 Päckchen Vanillezucker verwenden.) Nach und nach
1 Eigelb	und
2 Eier	beifügen und so lange rühren, bis eine homogene Masse entsteht.
4 EL Wasser,	
4 EL Weißwein	und
1 EL Grappa	bzw. Obstler dazugeben und nochmals gut verrühren. Zum Schluss
500 g Dinkelfeinmehl	unterrühren und einen geschmeidigen Teig kneten.

Den Teig ½ Stunde rasten lassen, dann 3 mm dick ausrollen und in Streifen, Rauten oder Vierecke schneiden. Besonders schön wird das Faschingsgebäck, wenn man in die Mitte der Vierecke einen Schnitt macht (so wie ein Knopfloch) und ein Teigende durch diesen Schnitt zieht. Die einzelnen Teigstücke in heißes Fett geben und auf jeder Seite 1 Minute backen. Dann auf Küchenkrepp legen, auskühlen lassen und mit Staubzucker bestreuen.

> Durch den Grappa saugt das Faschingsgebäck beim Herausbacken nicht so viel Fett auf.

Blätterteiggipfel

Blitz-Blätterteig	
250 g Dinkelfeinmehl,	
1 Prise Weinsteinbackpulver,	
1 Prise Galgant,	
1 Prise Fenchel	und
1 TL Salz	trocken mischen.
250 g Butter	in Flöckchen schneiden und gemeinsam mit
250 g Topfen	untermischen.

Alle Zutaten rasch und möglichst kühl zu einem Teig verarbeiten. Den Teig ca. ½ Stunde im Kühlschrank rasten lassen. Dann dünn ausrollen, zweimal einschlagen, nochmals ausrollen, wieder einschlagen und erneut ausrollen.

> Der Blitz-Blätterteig eignet sich auch hervorragend zur Herstellung von Spinatkuchen, Blätterteigstrudel usw.

Marmeladen-Füllung	
1 Glas Marmelade	
(Mispel-, Johannisbeer-,	
Himbeer-, Quitten-)	in eine Schüssel geben und im Verhältnis 1:1 geriebene
Mandeln	unterrühren.

Den Blätterteig in 2 Hälften teilen, jeweils zu einer Kugel formen und anschließend zu einer runden Platte ausrollen. Die Platte wie eine Torte in 8–12 Stücke teilen, 1 Löffel Marmeladefüllung auf das breite Ende dieser Stücke geben und diese von außen nach innen aufrollen. Gipfel formen, aufs Blech legen und eventuell mit Milch bestreichen. Bei 180 Grad Heißluft 15–20 Minuten backen.

> Die Gipfel können auch mit einer Nuss- oder Mohnfülle zubereitet werden. Blätterteig nie mit Ei bestreichen, da dies die Poren des Blätterteigs verklebt.

Glückspanettone

1 kg Dinkelfeinmehl	in eine weite Schüssel geben und
200 g Rohrohrzucker	untermengen.
1 Würfel Hefe	in
100 ml lauwarmer Milch	auflösen, in die Mehlmitte geben und mit so viel Mehl vermischen, bis ein kleines Teiglein entsteht. Dieses Teiglein in einen Krug mit
400 ml lauwarmer Milch	legen und warten, bis es obenauf schwimmt. In der Zwischenzeit in die Mehlmitte klein geschnittene
Zitronenzesten	von einer ganzen Zitrone (ersatzweise auch Orangenzesten),
1 Prise Galgant,	
1 Prise Bertram	und
1 Prise Fenchel	geben.
250 g weiche Butter	und
7 große Eier	untermengen. Sobald das Teiglein in der Milch schwimmt, beides ebenfalls dazugeben und alle Zutaten zu einem eher feuchten Teig verarbeiten. Den Teig einmal gehen lassen.
150 g Rosinen,	
200 g gehackte Datteln	und
150 g gehackte Walnüsse	oder Mandeln mit Mehl bestäuben, damit sie sich gleichmäßig verteilen lassen, und dann gut unter den Teig kneten.

Den Teig bis zu drei Viertel in Panettone-Kapseln füllen und bis zum Rand aufgehen lassen. Bei 160 Grad Umluft 30 Minuten backen.

Geben Sie dem Teig als Überraschung einen Glücksbringer bei.

Lavendelkuchen

200 g Butter	mit
200 g Rohrohrzucker	cremig schlagen und nach und nach
4 Eier	dazugeben.
200 g Dinkelfeinmehl,	
½ Weinsteinbackpulver,	
1 Vanillezucker	und
2–3 TL abgerebelte	
Lavendelblüten	miteinander mischen und unter die schaumige Masse rühren.

Den Teig in eine mit Backpapier ausgelegte Kastenform geben und im vorgeheizten Backrohr bei 160 Grad Umluft 50 Minuten backen. Dann den Kuchen aus dem Ofen nehmen, 5 Minuten rasten lassen und anschließend auf ein Gitter stürzen.

50 g Puderzucker	mit
Zitronensaft oder	
Lavendelsirup	glatt rühren und über den Kuchen gießen. Mit
frischen Lavendelblüten	bestreuen.

Schokoladekuchen

5 Eischnee	mit
50 g Rohrohrzucker	zu steifem Schnee schlagen.
5 Eidotter	mit
50 g Rohrohrzucker	hellgelb schlagen.
300 g Kochschokolade,	
1 Prise Galgant	und
100 g Butter	im Wasserbad schmelzen und zur Eigelbmasse geben.
2 EL Kornelkirschenlikör	beifügen und den Eischnee vorsichtig darunterheben.

Die Masse in eine Springform mit 24 cm Durchmesser füllen und bei 180 Grad 30 Minuten im vorgeheizten Ofen backen. Mit Schlagrahm und Sauerkirschen servieren.

Maroni-Schnecken

Hefeteig

400 g Dinkelfeinmehl	in eine Schüssel geben, eine Mulde bilden und darin
¼ Würfel Hefe	in
160 ml warmer Milch	auflösen. Die Mischung mit etwas Mehl vom Kranz abdecken. Wenn das Mehl rissig wird,
80 g Rohrohrzucker,	
50 g weiche Butter	und
½ TL Salz	dazugeben und alles zu einem geschmeidigen Teig kneten. Diesen 2 Stunden rasten lassen.

Fülle

200 g Maronipüree,	
150 g Topfen	und
70 g gehackte Walnüsse	mischen. Nachdem der Teig gegangen ist, wird er auf einer bemehlten Fläche zu einem Quadrat von ca. 40 cm ausgewallt und auf ein Küchentuch gelegt. Die Maronifülle auf den Teig streichen (auf einer Seite nicht bis ganz an den Rand) und darauf
2 EL Quittengelee	verteilen. Den Teig so einrollen, dass der „leere" Rand zum Schluss aufgerollt wird.

Von der Rolle mit einem Messer 16–18 Scheiben abschneiden, diese auf ein mit Backpapier belegtes Backblech legen und nochmals 20 Minuten gehen lassen. Bei 160 Grad Umluft 20–25 Minuten backen. Die Schnecken auf ein Gitter legen und sofort mit Quittengelee bestreichen, damit sie schön glänzen.

Dinkel-Marzipan-Torte

4 Eidotter,	
150 g Butter	und
100 g Rohrohrzucker	schaumig rühren.
100 g Marzipan,	gewürfelt,
1 Prise Salz,	
½ KL Zimt	und
geriebene Zitronenschale	darunterrühren. Außerdem
⅛ Liter Quittensaft	und
2 cl Quittenlikör	beifügen. Dann
200 g geriebene Mandeln,	
180 g Dinkelfeinmehl	und
½ Weinsteinbackpulver	untermengen. Zum Schluss
4 Eiweiß	steif schlagen, mit
1 EL Rohrohzucker	kurz weiterschlagen und unter die Masse heben.

Die Kuchenform mit Butter einfetten, mit Mehl bestäuben und die Masse gleichmäßig darin verteilen. Das Backrohr vorheizen und den Kuchen bei 160 Grad auf mittlerer Schiene 40 Minuten lang backen. Auf einem Gitter auskühlen lassen, in zwei Hälften schneiden, die untere Hälfte mit Quittengelee bestreichen, die obere Hälfte daraufsetzen und die Torte dick mit Puderzucker bestreuen. Mit Marzipan und Datteln hübsch verzieren.

> Quittensaft kann durch Orangensaft ersetzt werden und Quittengelee durch Marillenmarmelade.

Dinkelgugelhupf

150 g Butter,	
250 g Rohrohrzucker	und
4 Eidotter	miteinander schaumig rühren.
1 Päckchen Vanillezucker,	
1 Päckchen Weinstein-backpulver	und
⅛ Liter Milch	daruntermischen.
400 g Dinkelfeinmehl	und den
Eischnee von den 4 Eiern	vorsichtig unterrühren.

Die Masse in eine gefettete und bemehlte Gugelhupfform geben und bei 160 Grad Heißluft 1 Stunde backen. Noch heiß aus der Form stürzen und mit Puderzucker bestreuen.

Gedeckter Mispelkuchen

150 g Dinkelfeinmehl,	
100 g gemahlene Mandeln,	
100 g feinen Rohrohrzucker,	
1 KL gehackte Zitronenzesten,	
1 Msp. Nelken, 1 KL Zimt	und
1 Prise Salz	trocken mischen und mit
120 g Butterflocken	und
1 Ei	rasch zu einem Teig verkneten.

Den weichen Teig im Kühlschrank fest werden lassen und ihn anschließend halbieren. Eine Hälfte auswalken und so in eine Kuchenform geben, dass ein kleiner Rand entsteht. Mit Mispelfülle bestreichen.

Fülle

300 g Mispelfruchtfleisch	(siehe Seite 53),
200 g Mandeln,	gemahlen,
70 g Rohrohrzucker	und den Saft von
½ Zitrone	gut vermengen.

Die zweite Teighälfte ebenfalls auswalken und auf die Fülle legen. Mit einer Gabel ein hübsches Muster stechen und den Kuchen bei 160 Grad 35 bis 40 Minuten backen.

Schnelle Schwarzwälderkirschtorte

4 große Eier	mit
150 g Rohrohrzucker	so lange schlagen, bis die Masse hellgelb ist. Dann
150 g Dinkelfeinmehl	und
2 EL Kakaopulver	dazusieben und vorsichtig untermischen.

Die Masse in eine Tortenform geben und bei 160 Grad Umluft 15–18 Minuten backen. (Stricknadeltest!) Danach den Biskuit auskühlen lassen und zweimal durchschneiden, sodass 3 Tortenböden entstehen: Den untersten Boden mit eingelegten Sauerkirschen belegen. Den zweiten Boden mit Kirschmarmelade und geschlagenem Rahm bestreichen und auf den ersten Boden setzen. Den dritten Boden, also den Tortendeckel, mit Schlagrahm bestreichen und auf den zweiten Boden setzen. Die Torte an den Seitenrändern ebenfalls mit Schlagrahm bestreichen. Kochschokolade an der Gurkenraffel reiben und diese Streusel auf dem Schlagrahm verteilen. Abschließend die Torte mit einigen Sauerkirschen verzieren.

Mit diesem Biskuit-Grundteig lässt sich mit verschiedenen Füllungen schnell ein Kuchen zaubern.

Napfkuchen

6 ganze Eier,	
200 g Rohrohrzucker	und
400 g Butter	schaumig schlagen.
200 g helle Rosinen	eine Stunde einweichen und mit
75 g gehackten Walnüssen,	
200 g klein gehacktem	
Quittenkonfekt	(ersatzweise 100 g Zitronat und 100 g Orangeat verwenden),
100 g Halbbitter-schokolade,	fein gehackt, außerdem mit der geriebenen Schale von
1 Zitrone	und dem Mark von
1 Vanilleschote,	die mit
1 EL Zucker	vermischt wird, vermengen. Anschließend beide Massen mischen und dann erst
400 g Dinkelfeinmehl	vorsichtig unterheben. Eventuell noch
50–100 ml Milch	dazugeben.
50 g Mandelblättchen	in eine gebutterte Napfkuchenform (bzw. Kasten- oder Gugelhupfform) geben und den Teig einfüllen.

Bei 160 Grad Heißluft 50–60 Minuten backen (Stricknadeltest). Den Kuchen in der Form auskühlen lassen, anschließend in Alufolie wickeln und 2–3 Tage ziehen lassen, so wird er schön saftig.

Die Zutaten für gerührte Kuchen und Torten sollten immer zimmerwarme Temperatur haben. Beim Napfkuchen ist dies ganz besonders wichtig.

Mohn-Orangen-Kuchen

1-2-3-Mürbteig

200 g Butter	in Flöckchen schneiden und mit
300 g Dinkelfeinmehl	abbröseln. In die Butter-Mehl-Mischung eine Mulde drücken und in diese Mulde
100 g Rohrohrzucker,	
1 Ei,	
Salz	und
1 Prise Fenchel	geben. Alles rasch und gründlich durchkneten. Eine Kugel formen und den Teig mindestens 1 Stunde im Kühlschrank rasten lassen.

Mohnfülle

400 ml Milch	mit
200 g Rohrohrzucker	aufkochen,
400 g geriebenen Mohn,	
1 Prise Zimt	und die geriebene Schale von
1 Orange	dazugeben, alles kräftig umrühren und köcheln lassen.
100 g geriebene Mandeln	und
100 g Dinkel-Brotbrösel	dazugeben und unter kräftigem Umrühren quellen lassen.
2–3 Orangen filetieren	(mit einem scharfen Messer schälen und das Fruchtfleisch von den Häuten schneiden).

Den Mürbteig in zwei Hälften teilen und zwischen Klarsichtfolie ausrollen. Ein Teigblatt in eine Kuchenform geben und mit der Mohnfülle bestreichen. Die Orangenfilets darauf verteilen und in die Fülle drücken. Das zweite Teigblatt darüberlegen. Mit einer Kuchengabel in die Teigoberfläche stechen und diese mit einem verquirlten Ei oder mit Rahm bestreichen. Den Kuchen bei 160 Grad Heißluft 35–40 Minuten backen.

Gedeckter Obst-Topfenkuchen

Bröselteig

250 g Dinkelfeinmehl,	
½ Weinsteinbackpulver,	
1 Dotter,	
110 g Rohrohrzucker	und
120 g Butterflocken	zusammen verbröseln.

Topfenmasse

100 g Rohrohrzucker,	
80 g Butterflocken,	
2 Dotter	und
1 Vanillezucker	schaumig rühren.
250 g Topfen	untermengen.
3 Eiweiß	steif schlagen und unterheben.

Früchte

Je nach Saison Marillen, Beeren oder Äpfel verwenden. Auch die Kombination von Äpfeln und Himbeeren schmeckt ausgezeichnet: Äpfel schälen, in dünne Schnitze schneiden und mit Himbeeren mischen.

Zubereitung

⅔ des Teiges in einer Form verteilen und leicht andrücken. Das Obst darauf verteilen und die Topfenmasse gleichmäßig darüberstreichen. Die restlichen Teigbrösel (letztes Drittel des Teiges) darüberstreuen und einige gehackte Mandeln darauf verteilen. Bei 160 Grad Heißluft 80 Minuten backen.

> Das Eiweiß am besten zuerst schlagen, so müssen die Mixstäbe zwischendurch nicht abgewaschen werden.

Valentinstörtchen

Mürbteig

200 g Dinkelfeinmehl,	
50 g Rohrohrzucker,	
150 g Butter,	
1 Ei,	
1 Prise Salz	und
½ TL Backpulver	rasch zu einem Mürbteig kneten.

Eine Kugel formen und diese im Kühlschrank rasten lassen. Dann den Teig ca. ½ cm dick ausrollen, in kleine Tortenförmchen legen und bei 160 Grad Heißluft 10 Minuten vorbacken.

Fülle

250 g Topfen,	
100 g Rohrohrzucker,	
1 Ei,	
1 Eidotter	und die Schale von
1 Zitrone	mit dem Schneebesen kräftig verrühren.
1 Apfel	schälen, in kleine Würfel schneiden und unter die Topfenmasse mischen.

Diese Apfel-Topfen-Mischung auf die vorgebackenen Teigböden streichen und nochmals bei 160 Grad 10 Minuten backen.

Valentinsdekoration

Hauchdünn geschnittene Apfelscheibchen in leicht aufgeschlagenes Eiweiß tunken, gut abtropfen lassen, in Zucker wälzen, auf einem Kuchengitter antrocknen lassen und auf den ausgekühlten Törtchen arrangieren.

Auch Blüten und andere Obstsorten lassen sich auf diese Weise als Valentinsgruß verschenken.

Herzkirschkuchen

100 g Butter,	
200 g Rohrohrzucker	und
4 Eidotter	zusammen schaumig rühren.
200 g Dinkelfeinmehl,	
100 g geriebene Mandeln,	
1 Prise Salz,	
½ TL Zimt	und
½ Weinsteinbackpulver	trocken mischen und mit der Buttermischung gut, aber nicht zu lange verrühren. Den Saft von
1 Zitrone	und
3 EL Milch	beifügen. Zum Schluss den
Eischnee	unterheben und die Masse in eine gefettete Herzform geben.
400 g Herzkirschen	(oder eine andere Sorte, ersatzweise auch abgetropfte Kompottkirschen) darauf verteilen und bei 160 Grad Heißluft 45 Minuten backen.

Variante

150 g fein gewürfelten Marzipan in die Mehl-Mandel-Mischung geben.

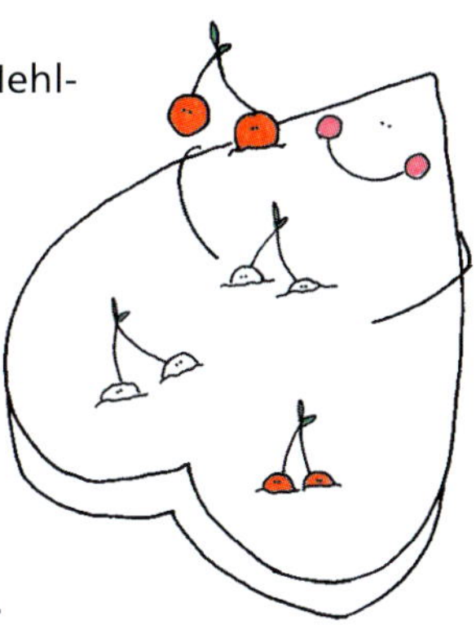

Den Kuchen auskühlen lassen, mit Puderzucker bestäuben und mit Marzipanherzen garnieren oder einen großen Klacks geschlagene Sahne in die Mitte geben und mit Zuckerherzen einen „Herzberg" gestalten oder Marzipanherzen mit Marmelade an die Kuchenränder kleben.

> Dieser Kuchen ist optisch und geschmacklich ein Liebesbeweis.

Tarte Tatin

Mürbteig	
200 g Butter	in kleine Stücke schneiden und mit
200 g Dinkelfeinmehl	abbröseln. Mit
100 g Rohrohrzucker,	
70 g Hafermark,	
2 Eidottern	und der Schale von
1 Zitrone	rasch zu einem glatten Mürbteig kneten und diesen mindestens 2 Stunden rasten lassen.

Eine Kuchenform aus Keramik oder Glas (ersatzweise eine Gratinform oder mehrere kleine Gratinförmchen) großzügig mit

Butter	ausfetten und dicht mit
grobem Rohrohrzucker	bestreuen.
Äpfel	schälen, vierteln, die Kerngehäuse entfernen und in 1 cm dicke Schnitze schneiden. Ziegel- oder fächerartig auf der Kuchenform arrangieren.

Den Mürbteig 4 mm dick ausrollen und auf die Äpfel legen. Mit einer Gabel mehrmals einstechen, damit sich der Teig beim Backen nicht aufbläht. Bei 160 Grad Heißluft 20–25 Minuten backen und dann sofort auf eine Platte stürzen. Am besten noch lauwarm mit geschlagener Sahne servieren.

> Das Rezept für diesen französischen Klassiker war ein „Versehen" der Geschwister Tatin. Sie gaben den Teig vor den Äpfeln in die Form und haben den Kuchen zur Rettung einfach nach dem Backen gestürzt.

Nervenkeksrezepte

Der Klassiker – Originalrezept nach Dr. Hertzka

1 kg Dinkelfeinmehl,
400 g Butter,
250 g feinen Rohrohrzucker,
200 g gemahlene Mandeln,
1 Prise Salz,
1 TL Weinsteinbackpulver,
50–80 g Gewürzpulvermischung,
4 ganze Eier,
2 Eidotter und
50–100 ml Milch.

Aus den Zutaten einen eher feuchten Mürbteig kneten und diesen mindestens 1 Stunde kaltstellen. Dann ausrollen, Kekse ausstechen und bei 180 Grad 15 Minuten backen.

Gewürzpulvermischung
45 g Zimt-, 45 g Muskatnuss- und 10 g Nelkenpulver
Dr. Hertzka nahm 50–80 g auf 1 kg Mehl, wir finden 35 g vom Geschmack her bekömmlicher und genießen einige Kekse mehr.

Die schnelle Variante

400 g Butter,
400 g feinen Rohrohrzucker,
2 große Eier und
2 Dotter zusammen schaumig rühren.
1 kg Dinkelfeinmehl,
400 g gemahlene Mandeln,
½ KL Salz,
1 Weinsteinbackpulver und
35 g Gewürzmischung (siehe oben) trocken mischen.

Den Abtrieb zu den trockenen Zutaten mischen, alles gut durchkneten, eine Rolle formen und diese für ca. 1 Stunde in das Gefrierfach geben. Dann von der Rolle dünne Scheiben schneiden und auf ein Backblech setzen. Weite Abstände lassen, da sie auseinanderlaufen.
Bei 180 Grad je nach Dicke 10–15 Minuten backen.

Nervenkekse für Kalorienbewusste

200 g Butter,
200 g Topfen,
250 g feinen Rohrohrzucker,
2 große Eier und
2 Dotter zusammen schaumig zu einem Abtrieb rühren.

1 kg Dinkelfeinmehl,
200 g gemahlene Mandeln,
½ KL Salz,
1 Weinsteinbackpulver und
35 g Gewürzpulver (siehe Seite 38) trocken mischen.

Den Abtrieb zu den trockenen Zutaten mischen, alles gut durchkneten und wie oben beschrieben weiterverarbeiten.

Nervenchips

1 kg Dinkelfeinmehl,
1 TL Weinsteinbackpulver,
400 g Butter,
250 g feinen Rohrohrzucker,
200 g gemahlene Mandeln,
1 Prise Salz,
3 EL Gewürzpulver (siehe Seite 38),
4 Eier und
100 ml Milch zu einem eher feuchten Mürbteig verarbeiten.

Den Teig zu einer Rolle von 3–4 cm Durchmesser formen und die Rolle mindestens 3 Stunden lang ins Gefrierfach legen. Sobald die Teigrolle fest genug ist, wird sie mit der Brotschneidemaschine in hauchdünne Chips geschnitten. Die Chips einzeln auf ein mit Backtrennpapier belegtes Blech legen und im vorgeheizten Backrohr bei 180 Grad kurz Farbe nehmen lassen.

Cantuccini

3 Eier	mit
250 g Rohrohrzucker	schaumig rühren.
270 g Dinkelfeinmehl,	
1 Msp. Backpulver,	
1 Vanillezucker,	
einige Tropfen Bitter-mandelaroma	oder 1 EL Amaretto, den Saft und die geriebene Schale von
½ Zitrone,	
150 g ganze Mandeln,	
50 g gehobelte Mandeln,	
50 g gestiftelte Mandeln,	
50 g geriebene Mandeln	und
50 g gehackte Mandeln	untermengen.

Den Teig auf einem mit Backpapier ausgelegten Blech in 3 cm breiten Bahnen auftragen. Bei 180 Grad 15–20 Minuten backen, herausnehmen und in Streifen schneiden. Diese Scheibchen nochmals auf ein Blech legen und weitere 4–5 Minuten ins Rohr geben, damit die Cantuccini richtig knusprig werden.

Galgantkekse

100 g Rohrohrzucker	mit
300 g Dinkelfeinmehl	vermischen.
1 Prise Salz	und
1–2 KL Galgantpulver	dazugeben, dann
100 g geschmolzene (!) Butter	beifügen und alle Zutaten zu einem Mürbteig kneten. Anschließend eine Rolle mit einem Durchmesser von 3 cm formen.

Den Teig 1–2 Stunden im Kühlschrank rasten lassen. Die Rolle danach in 4 mm dicke Scheiben schneiden und jede Scheibe auf ein mit Backpapier belegtes Backblech legen. Die Kekse bei 160 Grad Umluft 12–15 Minuten backen.
Diese Kekse regen den Kreislauf an und machen müde Geister munter.

Cookies

400 g Rohrohrzucker	mit
250 g Butterstückchen	(zimmerwarm) cremig rühren.
3 Eier	dazugeben, alles gut verrühren und
100 ml Rahm	und
150 ml Naturjoghurt	beifügen. Zum Schluss
500 g Dinkelfeinmehl,	
1 KL Weinsteinbackpulver,	
1½ KL Salz,	das Mark einer
Vanilleschote	und
200 g Kochschokolade	(in kleinen Stücken) trocken mischen und zu den anderen Zutaten geben.

Den Teig mit einem Spritzsack oder mit zwei Kaffeelöffeln auf ein mit Backpapier belegtes Backblech spritzen bzw. geben. Einen Abstand von 6–8 cm lassen, da die Kekse auseinanderlaufen.
Bei 160 Grad Umluft 12 Minuten lang backen.

> Als Spritzsack kann ein Nylonsack dienen, dem man für die Spritzöffnung ein kleines Eck abschneidet.

Haferflockenbusserl

250 g Haferflocken	in eine Schüssel geben.
200 g Butter	zerlassen und kochend heiß über die Haferflocken gießen. Die Masse gut verrühren und auf Handwärme abkühlen lassen. Dann zuerst
100 g Dinkelmehl	und
1 TL Weinsteinbackpulver,	danach
200 g Rohrohrzucker	und
1 Päckchen Vanillezucker	untermengen. Den krümeligen Teig mit
1–2 Eiern	wieder binden.

Mit 2 Teelöffeln kleine Busserl in größerem Abstand (da der Teig zerläuft) auf ein mit Fett bestrichenes oder mit Backpapier belegtes Blech setzen und 15–20 Minuten bei 180–190 Grad goldgelb backen.

Dinkelherzen

250 g Butter	(zimmerwarm) und
200 g Rohrohrzucker	schaumig rühren. Nach und nach
2 Eier	und
1 Eidotter	dazugeben.
500 g Dinkelfeinmehl,	
100 g gemahlene Mandeln,	
½ Weinsteinbackpulver,	
½ TL Zimt,	
1 Msp. Nelken,	
1 Msp. Muskatnuss	oder Muskatblütenpulver,
1 Msp. Galgant	und
1 Prise Salz	beifügen und alles zu einem glatten Teig verkneten.

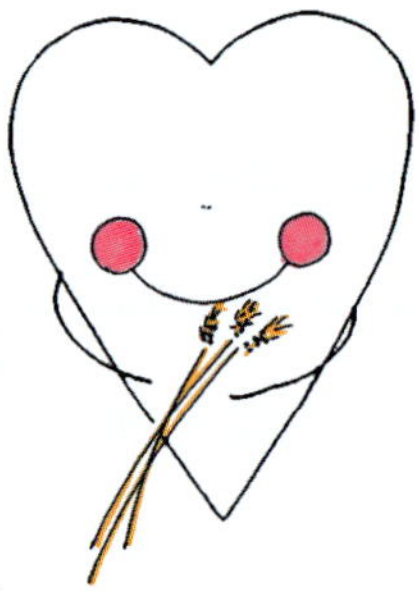

Den Teig zu einer Kugel formen, in Folie wickeln und mindestens ½ Stunde im Kühlschrank rasten lassen. Auf einer bemehlten Arbeitsfläche ausrollen und verschieden große Herzen ausstechen. Bei 160 Grad Umluft 10–12 Minuten backen. Die Kekse noch warm mit Puderzucker bestäuben und auskühlen lassen.

Varianten:
Die ausgekühlten Kekse mit Schokoglasur bepinseln oder beträufeln.
Jeweils 2 Kekse mit Marmelade (z. B. Marillen- oder Kornelkirschenmarmelade, Johannisbeer- oder Quittengelee) zusammensetzen. Marmelade und Gelees immer mit etwas heißem Wasser glattrühren.

Feines Spritzgebäck

350 g weiche Butter,	
100 g Honig,	
100 g Rohrohrzucker,	
1 Vanilleschote,	die Schale von
1 Zitrone	und
1 Prise Salz	schaumig rühren. Währenddessen nach und nach
3 Eier	dazugeben. Wenn die Masse schaumig ist, mit den Händen
500 g Dinkelmehl	unterkneten.

Die Masse portionenweise in einen Dressiersack füllen und jeweils auf ein mit Backtrennpapier belegtes Blech dressieren. Die Kekse bei 200 Grad ins vorgeheizte Rohr schieben und 10 Minuten backen. Die ausgekühlten Kekse nach Lust und Laune verzieren:

- → jeweils zwei Kekse mit Johannisbeer-, Marillen-, Himbeer- oder Quittenmarmelade zusammensetzen,
- → die Kekse in Schokolade tauchen oder mit Schokolade verzieren usw.

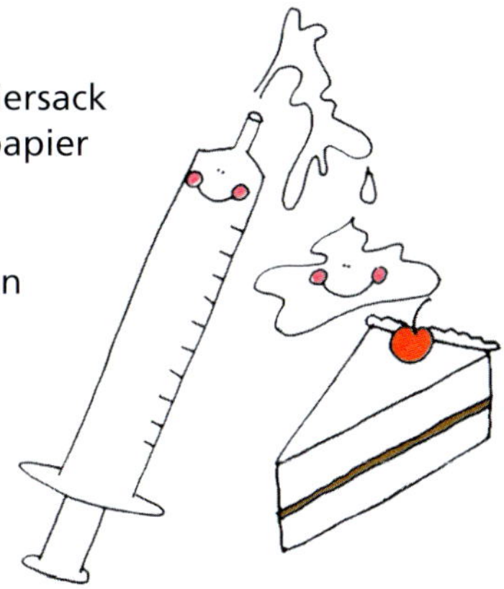

Mengenangaben / Abkürzungen

EL	– Esslöffel
KL	– Kaffeelöffel
Msp.	– Messerspitze
Tasse	– 150 ml
Prise	– die Menge, die zwischen 2 Fingern Platz hat.
Backzeiten	sind bei jedem Herd unterschiedlich, daher sind unsere Angaben als Circa-Zeiten zu verstehen.
Backtemperaturen	sind ebenfalls bei jedem Herd unter schiedlich und sind wiederum Circa-Temperaturen.

SALZ

Brote und Teige

„Unser tägliches Brot gib uns heute" heißt es im Gebet „Vater unser". Wir bitten nicht um Fleisch oder Gemüse, wir bitten um jene Grundversorgung, die durch Getreide gesichert ist.
Speziell der Dinkel bietet durch seine ausgewogenen Inhaltsstoffe diese Grundversorgung in optimaler Weise. Heute wird mit Brot sehr achtlos und fahrlässig umgegangen, unter anderem deshalb, weil fast niemand mehr sein Brot selbst bäckt. Dabei bereitet es Vergnügen, die Verantwortung für das Grundnahrungsmittel Brot wieder in die eigenen Hände zu nehmen.
Mit den nachfolgenden Rezepten ist ein gutes Gelingen gesichert.

Von Hildegard-Pionier Dr. Gottfried Hertzka stammt der Ausspruch: „Wenn jemand krank ist, nehme er einen Sack Dinkelkörner, gehe auf eine Alm und komme erst wieder, wenn der Sack leer ist. Dann wird er gesund sein".

Ciabatta

1400 g Dinkelfeinmehl	in eine weite Schüssel geben und eine Mulde drücken.
800 ml lauwarmes Wasser	in einen engen Krug füllen. Von diesem Wasser 100 ml in die Mulde gießen und
½ Würfel Hefe	darin auflösen. Mit so viel Mehl mischen, bis das so genannte „Teiglein" entsteht. Dieses Teiglein in den Krug zurücklegen. Inzwischen
1½ EL Salz, je 1 Prise Galgant, Bertram, Quendel	in die Mulde geben.

Wenn das Teiglein an der Wasseroberfläche schwimmt, lässt man es zusammen mit dem Wasser in die Mulde gleiten und mischt es mit dem Mehl. Zum Schluss alles noch kurz durchkneten. Den eher flüssigen Teig dick mit Dinkelfeinmehl bestreuen und mindestens eine Stunde auf die doppelte Größe aufgehen lassen. Sie können den Teig durchaus über Nacht in einem kühlen Raum stehen lassen. Mit dem Teigschaber kleine Portionen abstechen und diese auf ein mit Backpapier belegtes Blech setzen. Die Brötchen bei 200 Grad Umluft ins Rohr schieben und 25–30 Minuten backen. Die Temperatur nach 10 Minuten auf 180 Grad absenken.

Blitzkastenbrot

1 kg Dinkelfeinmehl in eine große, weite Schüssel geben und eine Mulde drücken.

750 ml warmes Wasser in einen hohen Messbecher geben, davon ca. 100 ml Wasser in die Mulde gießen und

1/6 Würfel Hefe darin auflösen. Mit so viel Mehl mischen, bis ein kompaktes Teiglein entsteht. Dieses in den Messbecher zurücklegen. Das Teiglein sinkt zu Boden. So lange warten, bis es aufsteigt, und es dann mit dem gesamten Wasser zum Mehl geben.

1 EL Salz,
je 1 Msp. Galgant,
Bertram, Fenchel dazugeben und alles zusammen mit einer Hand in der Schüssel gut durchmischen bzw. kneten.

Die Masse in 2 Kastenformen, die mit Backtrennpapier ausgelegt wurden, kippen und 40–50 Minuten gehen lassen.
Bei 160 Grad Umluft 50 Minuten backen.

Biologisches Getreide hat einen besseren Nährwert und eine größere Bioverfügbarkeit als hochgezüchtetes Getreide.

Focaccia

1 kg Dinkelfeinmehl	in eine weite Schüssel geben und eine Mulde drücken.
650 ml Wasser	in einen engen Krug füllen. Von diesem Wasser 100 ml in die Mulde gießen und
½ Würfel Hefe	darin auflösen. So viel Mehl (vom gesamten Mehl) untermengen, dass ein kompaktes Teiglein entsteht. Dieses in den Wasserkrug zurücklegen. Das Teiglein sinkt zu Boden. So lange warten, bis es aufsteigt. In der Zwischenzeit
150 ml Weißwein, 4 EL Öl, 1 EL Salz, 1 Prise Galgant, 1 Prise Bertram	und
gehackte Salbeiblätter	oder Rosmarin in die Mulde geben. Wenn das Teiglein schwimmt, mit dem Wasser zum Mehl geben und einen Teig kneten. Auf die doppelte Menge aufgehen lassen.

Den eher flüssigen Teig mit dem Teigschaber auf 2 Backbleche verteilen. Mit den Fingern kleine Mulden drücken und mit kalten Butterflocken und grobem Salz bestreuen. Bei 230 Grad auf der unteren Schiene 30–35 Minuten backen und noch 10 Minuten im ausgeschalteten Rohr stehen lassen.

Maronibrot

1 kg Dinkelmehl	und
70 g Maronimehl	in eine große, weite Schüssel geben und eine Mulde drücken.
650 ml lauwarmes Wasser	in einen hohen Messbecher geben und davon ca. 100 ml Wasser in die Mulde schütten, darin
⅓ Würfel Hefe	auflösen und so viel Mehl (vom gesamten Mehl) daruntermengen, dass ein kompaktes Teiglein entsteht. Dieses in den Wasserkrug zurücklegen. Das Teiglein sinkt zu Boden. So lange warten, bis es aufsteigt. Dann mit dem Wasser zum Mehl geben.
1 EL Salz, je 2 Msp. Galgant, Bertram, Fenchel, Kubeben	und
Ysop	dazugeben und alles zusammen in der Schüssel gut durchmischen und auf der Arbeitsfläche kneten. Zum Schluss noch
250 g geschnittene Maroni	unterkneten.

Den Teig mit Mehl bestäuben, mit einem Küchentuch abdecken und auf die doppelte Größe aufgehen lassen. Den Teig nach dem „Gehen" mit einer Teigkarte von der Arbeitsfläche lösen und aufheben – nicht mehr kneten! Wieder mit Mehl bestäuben, abdecken und ca. 25 Minuten gehen lassen. Diesen Vorgang insgesamt dreimal wiederholen. Den fertigen Teig zum Schluss „schleifen", d. h. in den hohlen Händen auf der Arbeitsfläche drehen, bis der Teig kompakt ist. Nach Belieben Laibe formen und aufs Blech setzen. Die Brote vor dem Backen mit warmem Wasser bepinseln oder besprühen und im vorgeheizten Backrohr bei 220 Grad 10 Minuten backen. Dann die Temperatur auf 200 Grad senken und die Brote 30–40 Minuten fertig backen.

Vinschgerl

1 kg Roggenmehl	und
400 g Dinkelmehl	in einer sehr weiten Schüssel mischen und eine Mulde drücken.
800 ml lauwarmes Wasser	in einen engen Krug füllen. Von diesem Wasser zirka 100 ml in die Mulde gießen und
½ Würfel Hefe	darin auflösen. Mit so viel Mehl mischen, bis das so genannte „Teiglein“ entsteht. Dieses Teiglein in den Krug zurücklegen. Inzwischen
je ½ KL Galgant,	
Bertram	und
Fenchel,	
1 EL Anis,	
1 EL Fenchelkörner,	
1 EL Kümmel	oder Kreuzkümmel,
1½ EL Salz	und
500 ml Naturjoghurt	in die Mulde geben.

Wenn das Teiglein an der Wasseroberfläche schwimmt, lässt man es zusammen mit dem Wasser in die Mulde gleiten und mischt es mit dem Mehl. Zum Schluss alles noch kurz durchkneten. Den eher flüssigen Teig dick mit Dinkelfeinmehl bestreuen und auf die doppelte Größe aufgehen lassen. Das dauert mindestens eine Stunde. Sie können den Teig durchaus über Nacht in einem kühlen Raum stehen lassen. Danach sticht man mit dem Teigschaber kleine Portionen ab und setzt diese auf ein mit Backpapier belegtes Blech.
Die Vinschgerl bei 200 Grad Umluft ins Rohr schieben und 25–30 Minuten backen, die Temperatur nach 10 Minuten auf 180 Grad absenken.

> Da der Teig sehr flüssig ist, nur in der Schüssel arbeiten und nicht auf der Arbeitsfläche kneten.

Walnussbrot

1 kg Dinkelmehl	in eine große, weite Schüssel geben und eine Mulde drücken.
650 ml lauwarmes Wasser	in einen hohen Messbecher geben und davon ca. 100 ml Wasser in die Mulde schütten, darin
⅓ Würfel Hefe	auflösen und so viel Mehl (vom gesamten Mehl) untermengen, dass ein kompaktes Teiglein entsteht. Dieses in den Wasserkrug zurücklegen. Das Teiglein sinkt zu Boden. So lange warten, bis es aufsteigt. Dann mit dem Wasser zum Mehl geben.
1 EL Salz, je 2 Msp. Galgant, Bertram, Fenchel, Kubeben	und
Ysop	dazugeben und alles zusammen mit einer Hand in der Schüssel gut durchmischen bzw. kneten. Zum Schluss noch
250 g gehackte Walnüsse	unterkneten.

Den Teig mit Mehl bestäuben, mit einem Küchentuch abdecken und auf die doppelte Größe aufgehen lassen. Den Teig nach dem „Gehen“ mit einer Teigkarte von der Arbeitsfläche lösen und aufheben – nicht mehr kneten!
Wieder mit Mehl bestäuben, abdecken und ca. 25 Minuten gehen lassen. Diesen Vorgang insgesamt drei Mal wiederholen. Den fertigen Teig zum Schluss schleifen, d. h. in den hohlen Händen auf der Arbeitsfläche drehen, bis der Teig kompakt ist. Nach Belieben Laibe formen und aufs Blech setzen.
Die Brote vor dem Backen mit warmem Wasser bepinseln oder besprühen und im vorgeheizten Backrohr bei 220 Grad 10 Minuten backen. Dann die Temperatur auf 200 Grad senken und die Brote 30–40 Minuten fertig backen.

> Die Redewendungen „sein Brot verdienen“ oder „einen brotlosen Beruf haben“ weisen auf die Wertschätzung hin, die dem Brot von alters her entgegengebracht wird.

Stimmbrötle

800 g Dinkelweißmehl	und
100 g Dinkelflocken	in eine sehr weite Schüssel geben und eine Mulde drücken.
600 ml lauwarmes Wasser	in einen engen Krug füllen. Von diesem Wasser 100 ml in die Mulde gießen und
1/6 Würfel Hefe (= 7 g)	darin auflösen. Mit so viel Mehl mischen, bis das so genannte „Teiglein" entsteht. Dieses Teiglein in den Krug zurücklegen. Inzwischen
100 g Sonnenblumenkerne	rösten und abkühlen lassen. Diese zusammen mit
1 Msp. Galgant,	
1 KL Bertram,	
3 Msp. Rohrohrzucker	und
1 EL Salz	in die Mulde geben.

Sobald das Teiglein an der Wasseroberfläche schwimmt, lässt man es zusammen mit dem Wasser in die Mulde gleiten und mischt es mit dem Mehl. Einen eher weichen Teig kneten, diesen gut mit Dinkelfeinmehl bestauben und einmal gehen lassen.
Danach nochmals mit Mehl bestauben und schleifen, d. h. in den hohlen Händen auf der Arbeitsfläche drehen, bis der Teig kompakt ist. Den Teig dann in Portionen teilen, Kugeln formen und auf ein mit Backpapier belegtes Blech setzen.
Den bemehlten Stiel eines Kochlöffels fest in die Mitte der Kugeln drücken. Mit Wasser besprühen oder bepinseln und in den entstandenen „Graben" geröstete, gehackte Sonnenblumenkerne streuen.
Bei 160 Grad Umluft 25 Minuten backen.

Tortillas

100 g Dinkelvollmehl,	gesiebt,
300 g Dinkelfeinmehl,	
50 ml Sonnenblumenöl,	
1 KL Salz, Galgant	(und eventuell auch Kreuzkümmel) vermischen.
200 ml lauwarmes Wasser	dazugeben und einen festen Teig kneten.

Den Teig ½ Stunde rasten lassen. In 16 Portionen teilen und zu Kugeln formen. Diese auf einer bemehlten Fläche rund (15–18 cm Durchmesser) und dünn ausrollen, die Fladen dabei öfters wenden. In einer Pfanne etwas Öl erhitzen und die Fladen einzeln auf beiden Seiten backen, bis auf der Oberfläche braune Pünktchen zu sehen sind. Die gebackenen Tortillas bis zur Verwendung in ein feuchtes Küchentuch legen, so trocknen sie nicht aus.

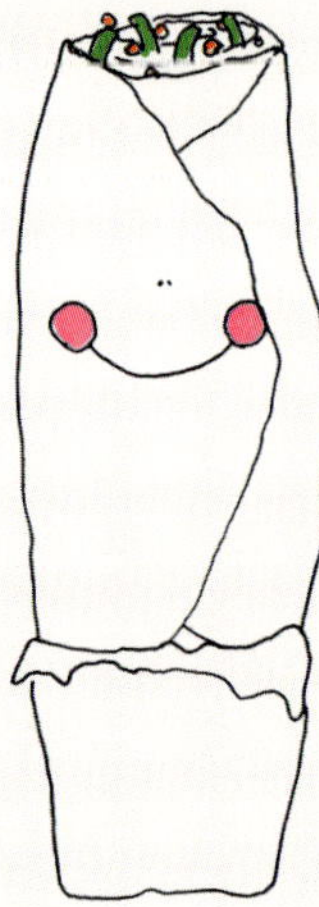

Die Tortillas können nach Belieben gefüllt werden, z. B. mit einem Joghurtdip, gebratenem Hühnerfleisch, gebratenen Austernpilzen, geschnittenem Weißkraut, klein geschnittener Petersilie oder mit Hackfleisch und Bohnen, mit Salat und Mozzarella …

> Tortillas können gut vorbereitet werden. Vor dem Füllen mehrere Tortillas in Alufolie einschlagen und etwa 10 Minuten im 180 Grad heißen Backrohr erwärmen.

Grissini

500 g Dinkelfeinmehl	auf die Arbeitsfläche geben und eine Mulde drücken.
½ TL Rohrohrzucker	und
¼ Würfel Hefe	hineingeben und mit einem Schuss von
250 ml lauwarmem Wasser	auflösen. Diesen Brei mit Mehl bedecken. Sobald das Mehl Risse zeigt,
1 TL Salz,	
1 Prise Galgant,	
4 EL Sonnenblumenöl	und das restliche Wasser beifügen und alles zusammen zu einem geschmeidigen Teig verkneten.

Den Teig ½ Stunde zugedeckt rasten lassen. Dann auf bemehlter Fläche 1 cm dick ausrollen (nicht mehr kneten), in 1 cm breite Streifen schneiden und auf ein mit Backtrennpapier ausgelegtes Backblech legen. Mit Milch bestreichen und mit Sesam, Mohn oder gehackten Kürbiskernen bestreuen. Bei 220 Grad ins vorgeheizte Rohr schieben und 10–12 Minuten backen. Auskühlen lassen und nochmals 1–2 Minuten backen – so werden die Grissini fein knusprig.

Fladenbrot

1 kg Dinkelfeinmehl	in eine weite Schüssel geben und eine Mulde drücken.
100 ml Wasser	in die Mulde geben und
⅙ Würfel Hefe	darin auflösen. Mit Mehl bedecken. Sobald das Mehl Risse zeigt, weitere
550 ml Wasser,	
1 EL Salz	und
je 1 Msp. Galgant, Fenchel	und
Quendel	dazugeben.

Einen geschmeidigen Teig kneten, diesen ausrollen und auf ein geöltes Blech legen. Mit einer Gabel mehrmals einstechen, mit Öl einstreichen und mit grobem Salz bestreuen. Bei 220 Grad Heißluft (nach 10 Minuten auf 200 Grad absenken) 20–30 Minuten backen. Diese Menge reicht für 2 Bleche Fladenbrot. Man kann den Teig aber auch dünner ausrollen und auf drei Bleche verteilen, das Brot wird dann knusprig.

Dinkelzwieback

400 g Dinkelfeinmehl	und
200 g Dinkelvollmehl	in einer weiten Schüssel mischen und eine Mulde drücken.
250 ml lauwarmes Wasser	bereitstellen. Etwa 50 ml davon in die Mulde geben und
⅓ Würfel Hefe	darin auflösen. Mit Mehl (vom Rand) bedecken. Sobald das Mehl Risse zeigt, das restliche Wasser und
100 ml Sahne,	
80 g Butter,	
1 EL Rohrohrzucker	oder Honig,
1 KL Salz,	
1 Prise Bertram	und
1 Ei	dazugeben und einen geschmeidigen Teig kneten. Nach Belieben noch
2 EL Rosinen	dazugeben.

Den Teig etwa 45 Minuten gehen lassen, in 2 Portionen teilen und schleifen, d. h. in den hohlen Händen auf der Arbeitsfläche drehen, bis der Teig kompakt ist. Zu dünnen Rollen formen und auf das mit Backtrennpapier belegte Blech setzen. Bei 160 Grad Umluft 30 Minuten backen. Auskühlen lassen und dann 1 cm dicke Scheiben schneiden. Auf das Backblech verteilen und bei 100 Grad Umluft 20 Minuten (dazwischen einmal wenden) trocknen bzw. rösten. Am besten über Nacht auskühlen lassen und in einem Papiersack aufbewahren.

Pikanter Kräutergugelhupf

500 g Dinkelfeinmehl	in eine weite Schüssel geben und eine Mulde drücken. Darin
⅓ Würfel Hefe (14 g)	in einer kleinen Menge von
250 ml Milch	auflösen. Etwas Mehl beimengen, bis ein „Teiglein" entsteht. Dieses mit Mehl zudecken und warten, bis sich Risse zeigen.
100 g geriebenen Edamer	im Mehl verteilen.
100 g flüssige Butter, 1 Eidotter, 1½ TL Salz, je ½ KL Galgant, Bertram, Quendel, Kardamom	und
1–2 TL zerdrückte Korianderkörner	mit der restlichen Milch verrühren.

Diese Gewürzmilch in die Mehl-Käse-Mischung einarbeiten und gut durchkneten. Mit Mehl bestäuben, mit einem Küchentuch abdecken und ca. ½ Stunde gehen lassen. Inzwischen

100 g Putenschinken	in feine Würfel schneiden, in
1 EL Butterschmalz	anrösten und
2 Handvoll gehackte frische Kräuter	dazugeben.

Die Schinken-Kräuter-Mischung in den Teig einarbeiten. Aus dem Teig eine Kugel formen und in grob gehackten Mandeln und ganzen Korianderkörnern drehen. In eine gebutterte Gugelhupfform legen und noch einmal ½ Stunde gehen lassen. Bei 160 Grad Heißluft 45 Minuten backen.

Gwuzelte

150 g Dinkelfeinmehl,
50 g Dinkelgrieß,
1 Ei,
50 ml Wasser,
2 Msp. Salz
1 Msp. Galgant

und zunächst mit einer Gabel mischen und dann mit der Hand zu einem geschmeidigen Teig kneten. Den Teig gut bemehlen und zugedeckt im Kühlschrank eine Stunde rasten lassen.

Danach den Teig auf einer bemehlten Arbeitsfläche ausrollen, zusammenlegen und wieder ausrollen. Diesen Vorgang dreimal wiederholen und den Teig in 4 Portionen teilen.
Die einzelnen Portionen in 5 cm breite Streifen dünn auswalken und die Streifen wiederum in 3 cm breite Streifchen schneiden. Diese einzeln in den Handflächen wuzeln. Die „Wuzel" auf einem gut bemehlten Tablett oder auf der Arbeitsfläche locker verteilen, damit sie nicht zusammenkleben, und schließlich in Salzwasser 5–7 Minuten bissfest kochen.

Nudelteig

400 g Dinkelfeinmehl	und
2 EL Dinkelgrieß	auf die Arbeitsfläche geben und in die Mitte eine Mulde drücken. In diese Mulde
Salz, Galgant,	
3–4 Eier	und
50–100 ml kaltes Wasser	geben. Mit einer Gabel die Eier und die Gewürze gut verquirlen und nach und nach von innen nach außen Mehl in die Eimasse einarbeiten.

Schließlich mit den Händen einen geschmeidigen Nudelteig kneten. Es ist wichtig, dass immer genügend Mehl auf der Arbeitsfläche ist, so bleibt der Teig nie kleben. Den Nudelteig bemehlen, auf die ebenfalls gut bemehlte Arbeitsfläche legen und mindestens ½ Stunde rasten lassen.

Blitzblätterteig

250 g Dinkelfeinmehl,	
½ KL Weinsteinbackpulver,	
Galgant, Fenchel	und
1 TL Salz	trocken mischen.
250 g Butter	in Flöckchen schneiden und gemeinsam mit
250 g Topfen	untermischen.

Alle Zutaten rasch und möglichst kühl zu einem Teig verarbeiten. Den Teig ca. ½ Stunde im Kühlschrank rasten lassen. Dann dünn ausrollen, zweimal einschlagen, nochmals ausrollen, wieder einschlagen, erneut ausrollen und je nach Rezept weiterverarbeiten.

Strudelteig

300 g Dinkelfeinmehl	mit
1 Ei,	
3 EL Sonnenblumenöl	und je
1 Prise Salz und Zucker	zu einem glatten Teig verarbeiten. ½ Stunde im Kühlschrank rasten lassen.

Kalter Germteig

600 g Dinkelfeinmehl	mit
250 g Butter,	klein geschnitten, abbröseln.
30 g Hefe	in
¼ Liter Milch	auflösen,
2–3 EL Rohrohrzucker,	
2 TL Salz,	
2 Dotter,	
1 Prise Galgant	und
2 Prisen Fenchel	dazugeben und alles zu einem glatten Teig verarbeiten. Den Teig 1 Stunde im Kühlschrank rasten lassen.

Omelettenteig

4 EL Dinkelfeinmehl,	
2 EL Maronimehl,	
400 ml Milch	(für Allergiker Ziegenmilch),
2 Eier,	
½ KL Salz	und
1 Prise Galgant	gut verquirlen und ½ Stunde quellen lassen. In wenig
Butterschmalz	dünne Omeletten backen.

Spätzleteig

400 g Dinkelfeinmehl,	
50 g Dinkelgrieß,	
4 Eier,	
1 KL Salz,	
1 Prise Galgant	und
1 Prise Fenchel	mit so viel
Wasser	verrühren, bis ein zäher Spätzleteig entsteht.

Holdersaft
Quitten

Getränke

In unseren Breiten ist Wasser ein hochwertiges, erfrischendes Getränk, daher ist es nicht notwendig, ständig Mineralwasser zu kaufen. Mineralwasser trägt außerdem zu Übersäuerung bei und führt häufig zu Blähungen.
Fügen Sie dem Wasser gelegentlich einige Zitronenscheiben oder ein paar Blättchen Zitronenmelisse oder Pfefferminze bei, das erweitert das geschmackliche Spektrum und ist auch schön anzusehen.

Steinwasser

Einen Hildegardstein (Bergkristall, Chalzedon, Chrysopras ...) in einen mit Wasser gefüllten Glaskrug legen und 24 Stunden lang in die Sonne oder zumindest an einen mit Licht durchfluteten Platz stellen. Auf diese Weise wird die Energie des Steines auf das Wasser übertragen und gelangt über das Trinken in unseren Körper. Anschließend das Wasser in einen anderen Krug umschütten und im Glaskrug wieder Wasser für den nächsten Tag „energetisieren“.

Schlaumeierkakao

2 gestrichene EL Kakaopulver, 2 gestrichene EL Dinkelfeinmehl, 1–2 EL Rohrohrzucker	und
1 Prise Gewürzpulver	(siehe Seite 187) mit wenig kalter Ziegenmilch in einem Topf glatt rühren.
1 Liter kalte Ziegenmilch	dazugeben und alles zum Kochen bringen. Dann mindestens 10 Minuten unter Rühren köcheln lassen.

Wenn Kakao als Frühstücksgetränk genommen wird, ist es zeitsparend, den Kakao am Vortag vorzubereiten und im Kühlschrank aufzubewahren.

Frühstückstee

35 g grüne Fenchelkörner
15 g Rosenblätter
10 g Mariendistelkraut
7 g Galgant
3 g Nelken

1 KL dieser Mischung mit 1 Liter heißem Wasser überbrühen, 5 Minuten ziehen lassen und abseihen.

Abendtee

35 g grüne Fenchelkörner
10 g Rosenblätter
10 g Orangenblütenblätter
15 g Mariendistelkraut

1 KL dieser Mischung mit 1 Liter heißem Wasser überbrühen, 5 Minuten ziehen lassen und abseihen.

Lavendeldrink

5 Himbeerblätter	oder Brombeerblätter und
5 Lavendelblüten	mit
¼ Liter kochendem Wasser	übergießen und mindestens 2 Stunden ziehen lassen. Mit
¼ Liter Johannisbeersaft	mischen. Einige Tropfen
Zitronensaft	dazugeben und mit Zitronenschale servieren.

Eistee

Pfefferminzblätter,	
Melissenblätter,	
Himbeerblätter,	
Brennnesseln,	
Hibiskusblüten,	
Hagebutten,	
Anis	und
Fenchel	nach Belieben mischen. 2 KL dieser Kräutermischung mit
1 Liter heißen Wasser	überbrühen und nur 3–5 Minuten ziehen lassen. Abseihen, auskühlen lassen und mit
1 Zitronenscheibe	servieren.

> Getränke nie zu heiß und nie zu kalt trinken, denn das belastet den Organismus.

Melissen-Marillen-Trunk

½ Tasse Melissenblätter,	
½ Tasse Himbeerblätter	grob schneiden, damit sich das Aroma entfaltet, und mit einigen
Zitronenscheiben	in einen Krug geben.
1 Liter lauwarmes Wasser,	
1 EL Honig	und
5 Marillen,	in Scheiben geschnitten, dazugeben. Einige Stunden ziehen lassen. Vor dem Anrichten abseihen und mit so viel Wasser verdünnen, bis der gewünschte Geschmack erreicht ist.

Rosensirup

1½ Liter Wasser	und
2 kg Zucker	aufkochen, bis der Zucker aufgelöst ist, und dann auskühlen lassen.
4 Tassen Rosenblütenblätter	in ein großes verschließbares Glas geben und mit der Zuckerlösung übergießen.
2 KL Zitronensäure	unterrühren. Den Sirup 3–5 Tage ziehen lassen, dann abseihen und in Flaschen füllen.

Mispelsirup

1 kg Mispeln	mit
2 Liter Wasser	aufkochen. 10 Minuten köcheln lassen und währenddessen mehrmals umrühren. Durch die Flotte Lotte drehen, die Flüssigkeit mit
3 EL Rohrohrzucker	und
20 g Zitronensäure	nochmals aufkochen und in Flaschen füllen.

Mispelreste vom Sirup und auch von der Marmeladenherstellung (siehe Seite 53) sind zum Wegwerfen zu schade. Reste nochmals mit Wasser aufkochen und wie beschrieben zu Sirup verarbeiten.

Melissen- bzw. Pfefferminzsirup

4 Tassen Melissenblätter	(oder Pfefferminzblätter),
4 kg Zucker,	
4 in Scheiben geschnittene Zitronen,	
50 g Zitronensäure	und
2 Liter Wasser	kalt anrühren und 5–6 Tage an die Sonne stellen. Jeden Tag 2 Mal umrühren, damit sich der Zucker mit der Flüssigkeit vermischt. Anschließend den Melissen- bzw. Pfefferminzsaft abseihen und in saubere Flaschen füllen.

Holunderblütensirup

4 kg Zucker,
4 in Scheiben
geschnittene Zitronen,
40 g Zitronensäure und
2 Liter Wasser kalt anrühren,
40 Holunderblüten dazugeben. Die Mischung 5–6 Tage an die Sonne stellen. Jeden Tag 2 Mal umrühren, damit sich der Zucker mit der Flüssigkeit vermischt. Anschließend den Sirup abseihen und in saubere Flaschen füllen.

> Hier verwenden wir bewusst weißen Zucker, da der Sirup ansonsten bräunlich wird. Wer darauf keinen Wert legt, kann selbstverständlich Rohrohrzucker verwenden.

Lavendelsirup

2 Liter Wasser und
2 kg Zucker zusammen aufkochen und auskühlen lassen. Anschließend

50 g Zitronensäure,
2 in Scheiben
geschnittene Zitronen,
2 Handvoll abgerebelte
Lavendelblüten und
einige Lavendelblätter dazugeben. Das Gefäß mit Folie abschließen und den Sirup 3 Tage ziehen lassen. Abseihen und in Flaschen füllen.

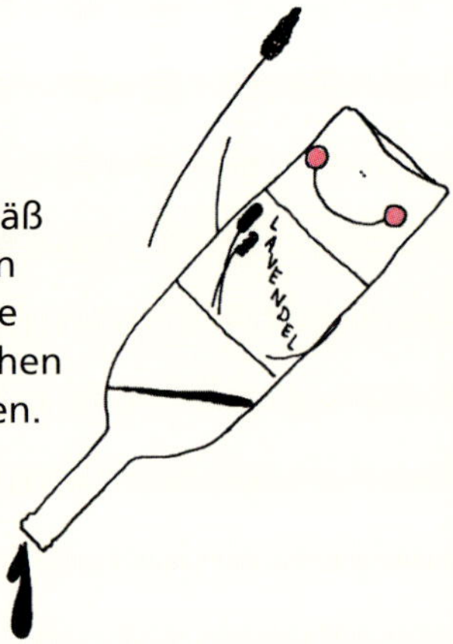

Holunderpunsch

1½ Liter Kräuter- oder Melissentee,	
½ Liter dunklen Holundersaft,	
Saft und Schale von	
1 Zitrone	und
1 Orange,	
3 Nelken,	
3 cm Zimtstange	und
½ KL Galgantwurzeln	zusammen aufkochen und 10 Minuten ziehen lassen. Eventuell mit Rohrohrzucker nachsüßen.

Holundersekt

15 Holunderblüten,	
10 Liter Wasser,	
1 kg Rohrohrzucker,	
50 g Zitronensäure,	
2 Zitronen,	in Scheiben geschnitten, und den Saft von
2 Zitronen	zusammen kalt ansetzen und gut verrühren. 3 Tage in der Sonne stehen lassen und täglich 2 Mal umrühren. Abseihen und in Flaschen füllen. Der Holundersekt ist frühestens nach 3 Wochen trinkreif.

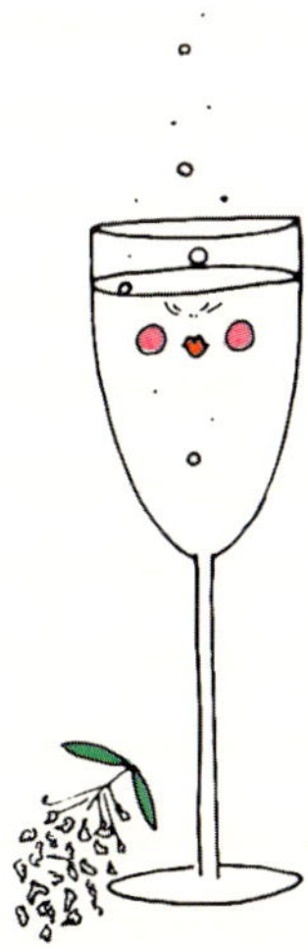

Achten Sie darauf, die Flaschen nur bis unter den Flaschenhals zu füllen, damit sie nicht platzen. Verwenden Sie am besten Flaschen mit einem Bügelverschluss.

Joghurtdrink (für 2 Personen)

Süße Variante

1 Becher Naturjoghurt (180 g),	
1 Becher Wasser,	
1 Spritzer Zitronensaft,	
1–2 TL Rohrohrzucker	und
8 Blätter Zitronenmelisse	im Mixer oder in der Küchenmaschine gut durchmixen. Nach Belieben
1 Tasse Himbeeren	mitmixen.

> Die Joghurtdrinks eignen sich gut als kleine Zwischenmahlzeit oder als kleine Vor- bzw. Nachspeise.

Pikante Variante

1 Becher Naturjoghurt (180 g),	
1 Becher Wasser,	
1 Spritzer Zitronensaft,	
2 Blätter Basilikum,	
einige Blätter Petersilie,	
2 Msp. Salz	und
1 Msp. Galgant	im Mixer oder in der Küchenmaschine gut durchmixen.

Johannisbeersaft, Himbeersaft

1 Tasse Johannisbeeren	(oder Himbeeren) mit
1 Tasse Wasser,	
1 KL Rohrohrzucker	und etwas
Galgant	aufkochen. Den Deckel aufsetzen und das Ganze auskühlen lassen. Mit
1 Liter Steinwasser	verdünnen und als Fruchtsaft servieren.

Herzwein

1 Liter Wein	mit
2 EL Weinessig	und
8–10 Stängeln Petersilie	(samt Kraut) 10 Minuten bei geschlossenem Deckel kochen. 10 Minuten ziehen lassen, abseihen und
2–3 EL Honig	dazugeben. In Flaschen füllen.

Im Sommer bevorzugen wir den weißen Herzwein und genießen ihn gerne als Aperitif.

Rosenlikör

15 Duftrosenblüten
150 g weißen Kandiszucker
0,7 Liter klaren, neutralen Schnaps

Die Rosenblätter abzupfen und den Blattansatz mit einer kleinen Schere abschneiden, etwaige braune Blätter entfernen. Die Rosenblätter mit dem Kandiszucker und dem Schnaps in ein weites Gefäß geben und an einem warmen Ort 3–4 Wochen stehen lassen. Abseihen, in Flaschen abfüllen und noch 2–3 Monate lagern.

Quittenlikör

1,5 kg Quitten	an einer groben Reibe in eine Schüssel raffeln, mit einem Tuch bedecken und über Nacht kaltstellen. Am nächsten Tag durch ein Tuch pressen, das ergibt ca. ½ Liter Saft.
½ Liter Quittensaft	mit
150 g Rohrohrzucker	aufkochen, bis sich der Zucker auflöst. Abkühlen lassen und mit
½ Liter Cognac	und
1 EL Korianderkörner	mischen. Bei Zimmertemperatur 3 Monate ziehen lassen. Abseihen und in Flaschen füllen.

Hildegard-Aperol (Rosenblütenwein)

Rosenblütenblätter einer orange- oder aprikosenfarbenen Sorte sorgen für die typische Farbe. Rosafarbene Rosenblüten ergeben einen rosafarbenen Wein.

	Die Rosenblätter von
40 ganzen Duftrosen	abzupfen und den Blattansatz mit einer kleinen Schere abschneiden, denn der Ansatz könnte bitter sein. Die Hälfte der Rosenblütenblätter mit
1 Liter Weißwein	einer lieblichen Sorte aufkochen und auf der ausgeschalteten Herdplatte zugedeckt 20 Minuten ziehen lassen. Abseihen und den Sud mit den restlichen Rosenblütenblättern nochmals aufkochen und wieder zugedeckt 20 Minuten ziehen lassen. Erneut abseihen und im noch warmen Rosensud
1–3 EL Honig	auflösen. Den Sud durch ein feines Sieb in eine Flasche abfüllen und abkühlen lassen.

Den Rosenblütenwein mit Mineralwasser oder Sekt aufspritzen und als Hildegard-Aperol servieren oder pur genießen.

Kornelkirschenlikör

300–500 g Kornelkirschen	(je nach Verfügbarkeit) mit
1 Tasse Wasser	und
1–2 Tassen Rohrohrzucker	zum Kochen bringen und so lange köcheln, bis die Früchte platzen. Abkühlen lassen, in ein großes Glas geben und mit
1 Liter Korn	übergießen. 1 Woche ziehen lassen und täglich 2 Mal umrühren. Durch ein Tuch abseihen und in Flaschen füllen.

Hildegard hat Wein und Bier als Getränk bevorzugt und erwähnt keine Schnäpse. Es handelt sich hier also um unsere ganz persönlichen „Hildegardisierungen".

Frühstück, Jause, Knabbereien

Auch wenn dem Frühstück gerne großer Stellenwert zugeschrieben wird, ist es nach Hildegard gesund, unmittelbar nach dem Aufstehen nicht (!) zu frühstücken, denn der Mensch hat lange geruht und ist dementsprechend voller Energie. Wir werden ja ein vollgetanktes Auto auch nicht auftanken, bevor wir nicht eine angemessene Strecke gefahren sind. Verlassen Sie sich auf Ihr Hungergefühl und nehmen Sie die erste Mahlzeit im Laufe des Vormittags zu sich. Idealerweise essen Sie dann Müsli oder Brot, das Sie sorgfältig kauen. Kaffee und Obst sollten keinesfalls als erste „Information" in den Magen gelangen, da sie ihn zu sehr belasten. Auch von scharf gewürzten und pikanten Speisen rät Hildegard am Morgen ab. Kinder, Jugendliche und alte Menschen hingegen können und sollen frühstücken. Wenn Kinder das nicht wollen, dann ist ganz besonders auf eine gesunde Jause zu achten.

Knuspermüsli

50 g Sonnenblumenöl, 150 g Butter, 150 g Honig, 150 g Rohrohrzucker	und
1 Vanilleschote	(Mark auskratzen) mischen und auf ein Backblech geben. Bei 140 Grad 10 Minuten erhitzen und immer wieder umrühren. Anschließend
700 g Dinkelflocken, 100 g Sesam, 100 g Sonnenblumenkerne, 100 g gehackte Mandeln, je ½ KL Bertram, Galgant	und
Nelken	und
1–2 KL Zimt	trocken mischen und auf dem Blech mit den bereits erhitzten Zutaten verteilen.

Bei 160 Grad 35 Minuten rösten, währenddessen mehrmals umrühren. Von dieser Mischung die gewünschte Menge unter Joghurt mischen, mit Milch servieren oder trocken knabbern.

> Dosieren Sie die einzelnen Zutaten ganz nach Ihren Vorlieben und ergänzen Sie sie nach Ihrem persönlichen Geschmack.

Habermus 1

1 Tasse Habermus 1	(siehe Vorratshaltung Seite 38) mit
1 Tasse Wasser	aufkochen, die Herdplatte ausschalten und das Ganze noch 3–4 Minuten nachquellen lassen. Nach Belieben noch
1 Apfel	dazureiben und etwas
Naturjoghurt	untermengen.

Habermus 2

3 EL Habermus 2	(siehe Vorratshaltung Seite 38) und
1 Tasse Wasser	3–4 Minuten leicht köcheln lassen.
1 EL Rosinen	dazugeben und kurz nachquellen lassen.
1 Apfel	dazureiben. Dann nach Belieben
Naturjoghurt,	
einige gehackte Mandeln	und etwas
Honig	untermengen.

Zur Kräftigung und Stärkung kann auch noch ein Kaffeelöffel Maronimehl ins Habermus gerührt werden.

Hafermus

1 Tasse Wasser,	
3 EL Haferflocken,	
1 EL Rosinen,	
1 Prise Gewürzpulver	(siehe unten),
1 winzige Prise Salz	und wenig
Zucker	zusammen aufkochen und 5 Minuten auf der ausgeschalteten Herdplatte quellen lassen. Nach Belieben
Naturjoghurt	unterrühren.

Die Gewürzpulvermischung besteht aus 45 g Muskat, 45 g Zimt und 10 g Nelken.

Dinkel-Habermus

150 ml Wasser,	
5 EL Dinkelflocken,	
1 EL Rosinen,	
1 Prise Zimt,	
1 winzige Prise Salz	und eventuell etwas
Rohrohrzucker	zusammen aufkochen und 5 Minuten auf der ausgeschalteten Herdplatte quellen lassen. Nach Belieben
Naturjoghurt	unterrühren.

Dinkel-Flockenmus

150 ml Wasser,	
3 EL Dinkelflocken,	
2 EL Dinkelgrieß	und
1 winzige Prise Salz	zusammen aufkochen.
1 Apfel	dazuraffeln und alles 5–10 Minuten auf der ausgeschalteten Herdplatte quellen lassen. Mit etwas
Rohrohrzucker	süßen.

Dinkel-Grießmus

500 ml Wasser	mit
1 Prise Salz	aufkochen.
3–5 EL Dinkelgrieß	unter ständigem Rühren einrieseln lassen. Topfdeckel aufsetzen und 20 Minuten bei geringer Hitze köcheln lassen. Zum Schluss
2 EL Rahm,	
einige Rosinen	und/oder
gewürfelte Äpfel	mitköcheln lassen. Nach Belieben mit
Rohrohrzucker	und
Zimt	bestreuen.

Müsliriegel

1-2-3-Mürbteig

100 g Rohrohrzucker,
200 g Butter, in kleine Stücke geschnitten,
300 g Dinkelmehl (Fein- oder Vollmehl),
1 Ei, 1 Prise Salz und
1 KL Nervenkekspulver (siehe Seite 187) rasch zu einem Mürbteig kneten und 1 Stunde im Kühlschrank rasten lassen.

Den Teig auswalken, auf ein Backblech legen und mit einer Gabel mehrmals einstechen. Bei 170 Grad Umluft 10 Minuten anbacken.

Belag

100 g Sesam,
100 g Sonnenblumenkerne,
60 g Mandeln, geschnitten oder gehobelt,
2 EL Dinkelmehl und
1 EL Flohsamen trocken vermischen.
130 g Butter,
200 g Honig,
60 ml Rahm und
60 ml Wasser in einer Pfanne erwärmen und so lange rühren, bis die Masse leicht braun wird.

Anschließend die Trockenmischung dazugeben, wieder gut rühren und das Ganze etwas einkochen lassen. Den Belag auf dem vorgebackenen Mürbteig verteilen und bei 170 Grad Umluft 15 Minuten backen. Etwas auskühlen lassen und noch warm in Riegel oder Rauten schneiden.

Apfelschnitze

Äpfel vierteln, schälen und in ½ cm dicke Schnitze schneiden. Im Backrohr oder im Dörrapparat bei 70 Grad 4–6 Stunden trocknen.

> Für Kinder könnten die Apfelschnitze zu einer Kette aufgefädelt werden.

Studentenfutter

Probieren Sie unterschiedliche Zusammenstellungen und entdecken Sie selbst Ihre Lieblingsmischung:
getrocknete Apfelschnitze, getrocknete Marillen, Mandeln, Walnüsse, Sonnenblumenkerne, Kürbiskerne, Rosinen, Sultaninen und Pinienkerne bieten sich dafür an.

Quittenkonfekt

1 kg Quittenpüree	(siehe Seite 37),
1 kg Rohrohrzucker,	
1 Msp. Galgant,	
1 Msp. Zimt,	
1 Msp. Bertram,	
1 Msp. Kubeben	und
30 g Fruchtpektin	gut vermengen und aufkochen lassen.

Unter ständigem (!) Rühren 10 Minuten köcheln lassen. Die Masse 1 cm hoch auf ein Backpapier streichen und bei 50 Grad im Rohr trocknen lassen. Dann in kleine Streifen oder in Quadrate schneiden und in Büchsen aufbewahren.

> Konfekt sollte wirklich trocken, aber nicht zu trocken sein. Kontrollieren Sie immer wieder, ob es noch in Ordnung ist.

Fruchtgummi

Äpfel vierteln, schälen, das Kerngehäuse entfernen und in der Küchenmaschine zu Brei zerkleinern. Diese Apfelmasse löffelweise fingerdick auf ein gutes Backtrennpapier geben (damit sich der Fruchtgummi danach leicht ablösen lässt) und bei 70 Grad Heißluft 6–8 Stunden im leicht geöffneten Backrohr trocknen lassen.
Den Apfelgummi in Büchsen lagern. Wenn genügend Luft dazukommt, ist er sehr lange haltbar.

> Fruchtgummi aus Äpfeln und Marillen eignet sich hervorragend als Imbiss auf Wanderungen.

Pikante Quendelstängel

1 kg Dinkelfeinmehl	auf die Arbeitsfläche geben.
300 g kalte Butter	in kleine Stücke schneiden und gut ins Mehl einarbeiten.
200 g geriebene Mandeln,	
1 TL Weinsteinbackpulver,	
1 Prise Galgant,	
1 EL Salz,	
2 EL Quendel,	
4 Eier	und
100 ml Wasser	(oder Weißwein) dazugeben und einen Mürbteig kneten.

Den Teig mehrere Stunden im Kühlschrank rasten lasten, dann 2–4 mm dick ausrollen, in Streifen schneiden und diese auf ein mit Backpapier belegtes Blech legen. Die Quendelstängel mit Wasser bepinseln bzw. besprühen und mit grobem Salz, mit Sesam oder Mohn bestreuen. Bei 160 Grad Heißluft je nach Geschmack 15–25 Minuten backen.

> Der Quendel oder Feldthymian gilt in der Hildegard-Heilkunde als *das* Hautgewürz, denn er hilft ganz ausgezeichnet mit, Hautprobleme zu lindern bzw. sogar ganz auszuheilen. Zudem stärkt er die Konzentrationsfähigkeit.

Käsesablés

250 g Dinkelfeinmehl	auf die Arbeitsfläche geben.
120 g kalte Butter	in Stücke schneiden und ins Mehl einarbeiten.
1 TL Weinsteinbackpulver,	
100 g Bergkäse,	fein geriebenen,
1 Ei, 1 TL Salz	und
2 Msp. Galgant	dazugeben und einen Mürbteig kneten.

Den Teig zu einer Rolle formen und mehrere Stunden im Kühlschrank rasten lasten. Dann in 8 mm dicke Scheiben schneiden, diese mit Eigelb bestreichen und in grob geriebenen Bergkäse drücken.

Knabbereien

- Stellen Sie **Obst** griffbereit auf den Tisch und bereiten Sie, speziell für Kinder, Obst in mundgerechten Portionen zu. Dabei nach Möglichkeit nur 1–2 Obstsorten verwenden, weil dies leichter verdaulich ist.
- **Dinkel-Knödelbrot** in einer beschichteten Pfanne unter ständigem Wenden knusprig anrösten. Mit Salz und Galgant würzen und nach Belieben fein gehackte Kräuter darüberstreuen.
- **Altes Dinkelbrot** in ganz dünne Scheiben schneiden und im Rohr bei ca. 100 Grad knusprig werden lassen. Wieder ganz nach Belieben mit Galgant, Salz und frischen Gartenkräutern bestreuen.
- **Brotscheiben** eignen sich prima als Knabberei, wenn man sie vor dem Verzehr nochmals ins Rohr schiebt und mit Hildegardgewürzen bestreut.
- Getrocknete Brotscheiben kann man auf ein Backblech geben und mit Hartkäse überbacken oder mit Ziegenkäse belegen und gratinieren.
- Man kann die Scheiben auch im Toaster erwärmen, mit gedünstetem Gemüse belegen und als kleine Mahlzeit servieren.

Auch ein Krug Wasser sollte immer griffbereit sein, da eine momentane „Lust" auf Essen oft schon durch das Trinken zufriedengestellt wird.

Mengenangaben / Abkürzungen

EL	– Esslöffel
KL	– Kaffeelöffel
Msp.	– Messerspitze
Tasse	– 150 ml
Prise	– die Menge, die zwischen 2 Fingern Platz hat.

Backzeiten	sind bei jedem Herd unterschiedlich, daher sind unsere Angaben als Circa-Zeiten zu verstehen.
Backtemperaturen	sind ebenfalls bei jedem Herd unterschiedlich und sind wiederum Circa-Temperaturen.
Rezeptmengen	Alle Rezepte sind, wenn nicht anders angeführt, **für 4 Personen** berechnet.
Tieffrieren	Auch wenn frisch gekochte Speisen den tiefgefrorenen vorzuziehen sind, ist es oft notwendig, rasch etwas auf den Tisch zu bringen. Bereiten Sie deshalb, wenn möglich, immer doppelte Mengen zu und frieren Sie die Hälfte davon ein. So müssen Sie nicht auf Fastfood und Tiefkühlkost aus dem Handel zurückgreifen.
Gewürze	sind immer Geschmackssache. Am besten experimentieren und variieren Sie nach Ihren persönlichen Vorlieben.

Menüempfehlungen

Die folgenden Menüzusammenstellungen sollen Ihnen als Anregungen dienen. Sie können sie natürlich nach persönlichem Gutdünken austauschen und ergänzen. Bei der Menüauswahl haben wir darauf Wert gelegt, dass sich mindestens ein Gang gut vorbereiten lässt und Sie dadurch mehr Zeit für Ihre Gäste gewinnen. Zudem haben wir auf das saisonale Angebot Rücksicht genommen. Die speziellen Festtagsmenüs sind allein wegen der 4 Gänge zwar etwas aufwändiger, aber die Mühe lohnt sich in jedem Fall.

Jänner

– Apfel-Randig-Salat	kann man einige Stunden davor zubereiten.
– Kichererbseneintopf	lässt sich gut am Vortag zubereiten oder aus dem Gefrierfach entnehmen.
– Süße Mohnnockerl	

Februar

– Käsesuppe	
– Spinatspätzle	lassen sich am Vortag zubereiten.
– Faschingsgebäck	lässt sich in den Tagen davor zubereiten.

März

– Brennnesselcremesuppe	Suppe am Vortag zubereiten und die Brennnesseln frisch dazugeben.
– Fischburger mit zweierlei Selleriegemüse	
– Tarte Tatin	schmeckt frisch am besten.

April

– Gemüsesticks mit Dips	Die Dips am Vortag zubereiten.
– Italienischer Strudel	
– Gedeckter Obst-Topfenkuchen	Am Vortag zubereiten, er ist dann saftiger.

Mai

– Eingelegte Pilze und Zucchini	mit Focaccia aus dem Vorratsschrank.
– Zander im Fenchelbeet	schnelles Gericht
– Holundersorbet	am Vortag zubereiten.

Juni

– Nudelsalat	am Vortag zubereiten und ziehen lassen.
– Gefüllte Zucchini mit Blattsalat	
– Sommerlich gebackene Früchte	

Juli

– Gebackener Schafkäse	Brösel aus Vorratshaltung.
– Hackbällchen mit Spinat auf italienische Art	
– Zitronensorbet	am Vortag zubereiten.

August

– Marillen-Karotten-Suppe als Kaltschale	am Vortag zubereiten.
– Zitronenspaghetti	schnelles Gericht
– Lavendelkuchen	in den Tagen davor zubereiten.

September	
– Fenchel-Orangen-Salat	am Vortag zubereiten und ziehen lassen.
– Maronibraten mit Fenchelgemüse	
Joghurtbecher-Kuchen	am Vortag zubereiten.
Oktober	
– Quittencarpaccio	ist ganz schnell zubereitet und kann bis zu 2 Stunden ziehen.
– Putenwürfel in Sesam mit Kürbis-Orangen-Gemüse	
– Schokoladekuchen	sollte frisch serviert werden.
November	
– Apfel-Randig-Suppe	
– mit Meerrettich	am Vortag zubereiten und den Meerrettich frisch dazureiben.
– Rote Zwiebeln mit Galgantsauce und	
– Kürbisröstinchen	
– Gedeckter Mispelkuchen	am Vortag zubereiten.
Dezember	
– Ziegenkäse mit Granatapfel und langem Pfeffer	ist schnell zubereitet.
– Maroni-Mangold-Lasagne	Die Omeletten lassen sich am Vortag zubereiten.
– Marillenecken	aus der Vorratshaltung.

Ostermenü

– Tortillas mit Kräutertopfenfülle	Tortillas am Vortag zubereiten.
– Feldsalat mit Fenchel und Käse	
– Lammkoteletts in der Kräuterkruste	
– Dinkel-Marzipan-Torte	am Vortag zubereiten.

Muttertagsmenü

– Randigschaumsüppchen	am Vortag zubereiten.
– Grüner Spargel mit rosa-lila Blüten	
– Zicklein mit Austernpilzen und Gwuzelten	
– Kürbiskernparfait	aus dem Gefrierfach holen.

Herbstmenü

– Brotsalat	
– Gemüsebrühe mit Dinkelgrießnockerln	Gemüsebrühe am Vortag zubereiten.
– Zitronenhuhn mit Kichererbsentalern	
– Maronicreme	am Vortag zubereiten.

Weihnachtsmenü

– Marinierter Fenchel mit Dattelcreme	Fenchel am Morgen marinieren.
– Saiblingsfilet auf Gemüsebeet mit gebratener Grütze	Grütze aus dem Gefrierfach.
– Schneller Rehrücken mit Gnocchi vom Blech	Gnocchi am Vortag zubereiten.
– Quittencreme	

Register

Hildegardakademie

Die Hildegardakademie Brigitte Pregenzer macht es sich zur Aufgabe, den Bogen zwischen bodenständigem Tun und geistigem Wachstum zu spannen und mit lebensbejahenden und lebensfrohen Inhalten zu bereichern. Sie versteht sich als eine Stätte, in der die Lehre der Hildegard von Bingen zeitgemäß gelebt und durch regen Austausch über die Landesgrenzen hinaus lebendig gehalten und verbreitet wird.

Die Hildegardakademie bietet Raum und Zeit, um Lernen und Lehren erfahrbar zu machen. Sie richtet sich an Menschen, welche die Freude am Leben spüren und auf der Basis der Hildegardlehre das Leben naturverbunden, umweltbewusst und achtsam pflegen möchten.

Seminarthemen:
Die 6 Goldenen Lebensregeln – Die Grundlagen einer gesunden Ernährung – Die Grundlagen der Hildegardmedizin – Hildegardfasten – Die Tugendlehre bei H. v. B. – Spiritualität bei H. v. B.

Termine und ausführliche Information: www.pregenzer.info

Brigitte Pregenzer